In Momenten der Trauer und des Verlusts verschlägt es uns oft die Sprache. Was läßt sich sagen angesichts dieser Erfahrungen, die uns alle heimsuchen und doch immer fremd bleiben? In Rainer Maria Rilkes bewegenden Gedanken über die schwierigen Offenbarungen des Lebens finden wir Zuspruch und Worte, die uns die großen Herausforderungen des Lebens ganz direkt ansprechen und reflektieren lassen.

Rilke macht konkrete Vorschläge, wie man schmerzliche Erlebnisse ernst nehmen kann, ohne sich von ihrer Schwere überwältigen zu lassen. Aus seiner umfangreichen Korrespondenz sind hier Briefe ausgewählt, die den Leser direkt ansprechen – erfrischend konkret, präzise im Ausdruck und überraschend relevant für heutige Belange.

Ulrich Baer, geboren 1966, lehrt deutsche Literatur an der New York University. Zahlreiche Veröffentlichungen zu Rilke, u. a. *Du musst Dein Leben ändern* (it 4177) und *Das Rilke-Alphabet* (st 3790).

insel taschenbuch 4490

Rainer Maria Rilke

Jeder Tag ist der Anfang des Lebens

RAINER MARIA RILKE

Jeder Tag ist der Anfang des Lebens

Worte des Trostes

Herausgegeben von Ulrich Baer

INSEL VERLAG

Erste Auflage 2017
insel taschenbuch 4490

Vertrieb durch den Suhrkamp Taschenbuch Verlag
Umschlag: hißmann, heilmann, hamburg
Umschlagfoto: Spencer Jones, Corbis, Berlin
Druck: CPI – Ebner & Spiegel, Ulm
Printed in Germany
ISBN 978-3-458-36190-9

Inhalt

Vorwort

Der Dichter Rainer Maria Rilke wandte sich zeit seines Lebens in direkten und persönlichen Briefen an Menschen, die ihm nahestanden, ihn angeschrieben hatten oder denen er flüchtig begegnet war und zu denen er Zuneigung spürte. Seine Beileidsbriefe gehören zu den schönsten und auch schwierigsten Briefen in dieser riesigen Korrespondenz, die Rilke selbst als ebenso bedeutend wie seine Dichtungen und anderen Schriften betrachtete. In all seinen Briefen widmete er sich den Themen der Kunst, der Liebe und des Todes. Tod, Abschied und Verlust stellen den modernen Menschen in einer entzauberten Welt vor die Aufgabe, sich *aller* Dimensionen des Lebens innerlich bewußt zu werden. Weder Religionen noch die großen Ideologien des 20. Jahrhunderts mit ihren Erlösungsversprechen von kollektiven Identitäten befreien uns von dieser Aufgabe. In seinen Kondolenzbriefen beschwört er seine Briefempfänger (und damit auch immer uns, denn Rilke schrieb seine Briefe im Bewußtsein der späteren Publikation), dem Schmerz, der uns im Leben überfällt, nicht auszuweichen.

»Der Tod ist nicht *über* unsere Kraft«, schreibt Rilke in einem der hier gesammelten Briefe. Er bittet die Briefempfängerin, sich nicht aus dem Leben zurückzuziehen aus Angst vor dem fast unerträglichen Schmerz, den der Verlust einer geliebten Person ausmacht. Bleiben Sie im

Leben, setzen Sie fort, was die verstorbene Person nicht vollenden konnte, legen Sie Hand an die Kleider und Dinge, die so unsäglich stumm herumstehen und das Fehlen der geliebten Person nur unterstreichen. So rät Rilke eindringlich den Menschen, die jemanden unwiederbringlich verloren haben. Rilke kennt den Schmerz des Verlusts und weiß vom Alleinsein. Er beschönigt in diesen Briefen nichts, sondern ermahnt und bittet die Briefempfänger, sich dem Leben wieder anzuschließen. Sich nicht in Schmerz und bitterer Einsamkeit abzukapseln, sondern zu erkennen, daß das Leben auch und vielleicht sogar hauptsächlich Veränderung und Wandel ist. Sich dem Leben anzuschließen ist für ihn keine Ausflucht oder Verdrängung, keine Leugnung des Todes und Verlusts. Vielmehr ist es die Möglichkeit, den Schmerz, dem man sich ohnehin nicht entziehen kann, tiefer zu ergründen. Zu spüren, wie weit er geht in unserem Inneren, wo die Grenzen zwischen seelischem und körperlichem Schmerz verwischen, und in diesem Aushalten und Durchmachen des Verlusts sich bewußt werden, daß die geliebte Person ja in uns, in unserem Gedächtnis und Gedenken und täglichem Verhalten, weiterlebt.

Rilkes Beileidsbriefe trösten nicht, sie helfen. »Wehe denen, die getröstet sind«, zitiert Rilke die französische Theaterautorin Marie Lenéru, denn Trost ist oft nur eine Ablenkung und Zerstreuung statt wahres Heilen, und oft werden Trostversuche von trauernden Menschen als Aufforderung mißverstanden, die verlorene Person zu vergessen. Rilke ermutigt und bestärkt seine Briefempfänger, den Schmerz auszuhalten, um durch dieses akute Empfinden den Kontakt zurück ins Leben zu finden. Die Zeit, so schreibt Rilke, tröstet ja nicht, sondern »sie räumt höchstens ein, sie ordnet«. Man findet sich allmählich zurecht in der neuen Zeit und in einer Welt ohne die geliebte Person, doch Trost bereitet das nicht. Man lernt das Fehlen kennen wie eine Narbe, die heilt, doch nie verschwindet und manchmal ganz unerwartet schmerzt. Und man lernt, daß der Tod uns nicht übersteigt, sondern uns in tiefere Schichten des Lebens hineindrängt.

Ich habe sehr lange gebraucht, diesen Gedanken, daß der Tod uns tiefer in das Leben drängt, zu verstehen. Als mein Vater zu früh und nach schwerer und entwürdigender Krankheit einen leidvollen Tod starb, fehlten mir die Worte. Es war wenige Wochen nach den Angriffen des 11. Septembers, den ich in New York erlebt hatte, und die Luft, die wir atmeten und (wie Rilke nach dem Ersten Weltkrieg schreibt) »mit dem Gegendruck unserer Adern und Nerven aushalten, war noch voller Rückschläge«. Statt das Leben gewähren zu lassen und zuversichtlich zu sein, daß es mir vieles – darunter Gutes und Schlechtes, aber nichts so meine Kräfte Übersteigendes – zuspielen würde, mußte ich mich anstrengen, auch nur einen normalen Tag zu erleben. Da war wenig unverkrampft und natürlich zu haben, und es gab in den Monaten der Trauer kaum Momente, in denen mir die Luft nicht wie verknappt und noch zitternd erschien.

Ich suchte Rat, Trost, Hilfe, doch da war nichts. Erst in Rilkes Briefen fand ich Zuspruch. Durch eine schwierige Zeit, in denen mir das bewußt gelebte Leben zu entgleiten drohte, hielt ich an diesen Briefen fest. Ich begriff keinesfalls alles, was der Dichter vor einem Jahrhundert an lang vergessene Menschen geschrieben hatte. Wie sollte mich der Schmerz *tiefer* ins Leben einführen, wo die Trauer mich doch wie betäubt durch Tage und Wochen gehen ließ? Ich las Rilkes Briefe wieder und wieder, und ganz allmählich führten mich seine Worte in Richtung des tatsächlichen Lebens, jenes Lebens voller Überraschungen und Unbekanntem, aus dem ich mich nach dem 11. September und dem Tod meines Vaters aus Furcht vor noch mehr Schmerz und Verlust zurückgezogen hatte. Rilkes Worte waren nicht mehr und nicht weniger als das: Wegweiser zurück ins Leben.

Es waren diese Worte aus einem Brief von Rilke aus dem Jahre 1908, den ich zufällig in einem alten Buch gefunden hatte, die ich wieder und wieder vor mir hersagte:

»Was aber den Einfluß des Todes eines nahestehenden Menschen auf diejenigen betrifft, die er zurückläßt, so scheint mir schon seit lange, als dürfte das kein anderer sein als der einer höheren Verantwortung; überläßt der Hingehende nicht sein hundertfach Begonnenes denen, die ihn überdauern, als Fortzusetzendes, wenn sie einigermaßen ihm innerlich verbunden waren? Ich habe in den letzten Jahren so viel nahe Todeserfahrungen erlernen müssen, aber es ist mir keiner genommen worden, ohne daß ich nicht die Aufgaben um mich herum vermehrt gefunden hätte. Die Schwere dieses Unaufgeklärten und vielleicht Allergrößten, das nur durch ein Mißverständnis in den Ruf gekommen ist, willkürlich und grausam zu sein, drückt uns (so mein ich immer mehr) gleichmäßiger und tiefer ins Leben hinein und legt uns die äußersten Verpflichtungen auf die langsam wachsenden Kräfte.«

Daß Schmerz und Trauer, wenn wir nur den Mut haben, diese auch nur einen Moment länger auszuhalten und zu ergründen, uns »gleichmäßiger und tiefer ins Leben hinein« drücken – an diesen Worten hielt ich mich fest. Ich verstand sie nicht, doch sie machten es möglich, im sprachlosen Nichtverstehen einen Halt zu finden. Der Weg, so schreibt Rilke in all seinen Kondolenzbriefen, führt ins Leben zurück.

Die Zeit tröstete nicht; nach einem guten Jahr, als ich mich nicht besser fühlte, sah ich keine andere Möglichkeit, als mich dem Schmerz als Weg zurück ins Leben zu widmen. Langsam wurden mir Rilkes Worte verständlicher, hilfreicher, ohne mir jedoch die romantische Illusion des Trostes zu geben, daß alles wieder gut wird. Statt dessen wurde mir in der ständigen Lektüre dieser Briefe bewußt, daß der Tod nicht über unsere Kraft geht: »er ist der Maßstrich am Rande des Gefäßes: wir sind *voll*, sooft wir ihn erreichen –, und Voll-sein heißt für uns Schwersein ... das ist Alles.«

Dieser Band mit Rilkes Kondolenzbriefen mag anderen Lesern helfen, den Weg aus Trauer und Schmerz zurück ins Leben zu finden. Die Briefe dienen auch als Vorlage, wie man trauernden Menschen in schweren Zeiten Zuspruch leisten kann, ohne den Schmerz zu verklären oder sich auf religiösen Glauben, den Rilke als fruchtlose Weltabkehrung verwarf, zu stützen. Mehrere von seinen Briefen beginnen mit recht unerheblichen Neuigkeiten und Berichten darüber, was er gerade tut: seine Besucher, seine Reisen, Überlegungen und Pläne zur Arbeit und Gedanken zu Blumen, Landschaften und dem Briefeschreiben selbst. Mit diesen belanglosen Worten nähert sich Rilke vorsichtig der trauernden Person und ruft sich wieder ins Gedächtnis, bevor er den Todesfall direkt anspricht. Erst wenn er sich wieder präsent gemacht hat in dem Leben, in das Rilke die Trauernden zurückholen möchte, wendet er sich den Adressaten respektvoll, doch direkt zu. Dann findet er Worte, die den Schmerz immer wieder neu und ungewöhnlich bescheiben.

Die Bejahung unseres hiesigen, irdischen Lebens, ohne Beschönigung und mit der Akzeptanz von Tod und Verlust, ist das Anliegen von Rilkes Werk. Wir sollen uns bewußt werden, wieviel wir am und im Leben noch zu verstehen haben, und daß das menschliche Leben selbst eben die Spanne Zeit bezeichnet, in der wir uns selber besser verstehen können. Der Gedanke an ein »Jenseits«, so viel Recht und Bestehen er für gläubige Menschen haben mag, ist kein Trost für Rilke, denn er macht uns nicht nur die Entschwundenen unerreichbarer, sondern in unserer Sehnsucht für ein Jenseits werden wir uns selber weniger präsent. Rilke verklärt Schmerz und Trauer nicht. Er ermahnt uns moderne Menschen nur dazu, die Präsenz des Verlusts, der Abschiede, des Verlierens und des Todes im Leben nicht zu verleugnen. Und da der Verlust ein Teil des Lebens ist, macht Rilke vorsichtige und bedachtsame Vorschläge, uns von Tod und Schmerz nicht aus dem Leben reißen zu lassen. Das einzige Gegengewicht zum Tod als ein uns übersteigendes und unbegreifliches Ereignis ist nicht im Himmel zu finden, sondern in der Liebe.

Nicht jeder der hier vorgestellen Briefe aus Rilkes riesiger Korrespondenz mit Hunderten von Briefpartnern handelt von einem Todesfall. Die schmerzhaften Trennungen betreffen auch den tiefen Verlust einer großen Freundschaft sowie das Sterben eines geliebten Tiers. Andere Briefe versuchen, unsere furchtbare Angst vor dem Tod etwas zu mindern und klarer zu machen, daß der Tod die uns abgekehrte Seite des Lebens ist, die unserem Dasein seine ganze Fülle verleiht. Der Band schließt mit einem Brief an Rilkes polnischen Übersetzer, in dem der Dichter erklärt, wie die Durchdringung von Tod und Leben als ein von uns gelebtes Ganzes zu verstehen sei. Unsere Aufgabe hier auf der Erde ist das Gesehene und Erlebte sowohl mit unserer sinnlichen Wahrnehmung als auch in den tiefsten Schichten des Inneren wirklich zu erfassen. Dann kann stummes Gefühl zu Ausdruck werden; dann kann Schmerz mitgeteilt und damit auch in unser Leben eingeordnet werden. Dazu gehören die geliebten Menschen, die wir verloren haben: Unsere Aufgabe ist es, ihr Erscheinen und unser mit ihnen geteiltes Leben im Unsichtbaren, das heißt im Gedenken, aber auch in unseren täglichen Handlungen zu bewahren.

Ulrich Baer

1. An Mimi Romanelli

Oberneuland bei Bremen
Diesen Sonntag, 8. Dezember 1907

Es gibt den Tod im Leben, und es erstaunt mich, daß man dies ignoriert. Der Tod, dessen erbarmungslose Gegenwart wir in jeder von uns überlebten Veränderung erfahren, da man das Sterben langsam erlernen muß. Man muß sterben lernen: dies ist das ganze Leben. Sich allmählich das Meisterwerk eines stolzen und höchsten Todes bereiten, eines Todes, bei dem der Zufall keine Rolle spielt, eines gut gefertigten, glückseligen, enthusiastischen Todes wie ihn die Heiligen zu bereiten formen wußten. Eines lange gereiften Todes, der von selbst seinen häßlichen Namen auslöscht und nichts als eine Geste ist, welche in das anonyme Universum die aus einem intensiv gelungenen Leben erkannten und geretteten Gesetze überführt. Es ist diese Vorstellung vom Tod, die sich in mir seit meiner Kindheit schmerzhaft von Erfahrung zu Erfahrung entwickelt hat und die mir aufträgt, den kleinen Tod bescheiden zu ertragen, um dem, der uns groß haben möchte, würdig zu werden.

Ich schäme mich nicht, meine Teure, vor kurzem am Sonntag in einer kalten und zu frühen Gondel geweint zu haben, als sie um unzählige Ecken durch nur undeutlich angerissene Bezirke glitt, die mir zu einem anderen, weit verästelten Venedig zu gehören schienen. Und die Stimme des Barcaiolos, die an der Ecke eines Kanals die Durchfahrt forderte, blieb ohne Antwort wie im Angesicht des Todes.

Und die nur einen Moment zuvor in meinem Zimmer gehörten Glocken (in meinem Zimmer, wo ich ein ganzes Leben gelebt habe, wo ich geboren wurde und wo ich mich vorbereite zu sterben) schienen mir so klar. Diese gleichen Glocken zogen ihre Töne in Fetzen hinterher und wanderten auf den Wassern und begegneten sich, ohne sich zu erkennen.

Es ist immer noch dieser Tod, der in mir fortdauert, der in mir arbeitet, der mein Herz verwandelt, der das Rot meines Blutes steigert, der schwer auf dem Leben wiegt, welches das unsere war, so daß er zu einem in meinen Venen zirkulierenden süß-bittereren Tropfen wird, der in alles eindringt, der unendlich der meine sei.

Und während ich ganz in meiner Traurigkeit bin, bin ich glücklich zu spüren, daß Sie existieren, Schöne; ich bin glücklich, mich furchtlos an Ihre Schönheit übergeben zu haben, so wie ein Vogel sich dem Raum übergibt; glücklich, Teure, in festem Glauben über die Wasser unserer Unsicherheit gegangen zu sein bis zu dieser Insel, die Ihr Herz ist, wo die Schmerzen blühen. Endlich: glücklich.

Ihr
R. Maria

2. An Gräfin Lili Kanitz-Menar

Paris, 17, rue Campagne-Première,
am 16. Juli 1908 (abends)

Ich danke Ihnen, meine liebe Freundin, daß Sie geschrieben haben. Ich wollte es fünfzigmal seit Ihrem Brief und konnte nicht dazu kommen. Ich habe so viel zu bewältigen diesmal, in der Arbeit mein ich, und bin nicht so bei Kraft, wie ich sein müßte. Und dann kam zu allem noch dieses unverhältnismäßige Ereignis. Was soll man sagen, wie soll man es einordnen? – das ist immer dieselbe Frage. Ich hab sie mir in den letzten Jahren mehrmals zu stellen gehabt. Der Tod der Gräfin Schwerin und meines Vaters Tod (an denen ich unendliche Größe und Großmut erfuhr) haben bewirkt, daß ich die Frage nicht mehr fürchte. Trotzdem ist es schwer, sie wieder so nah um sich zu haben, selbst im hellsten Tag. Und in diesem letzten Fall kompliziert sie sich durch so vieles: wer war diese Frau, die für andere lebte und doch selber, hinter allem und ohne es zu wissen und zuzugeben, die Ansprüche eines ganzen Lebens, wie unangebrochen, in sich trug: so daß man oft auf den Gedanken kommen konnte, sie wäre auch noch das Gegenteil von dem, was sie sein wollte, und beides wäre gleich echt und gleich unwirklich. Und welches, endlich, war das Verhältnis, das man zu ihr hatte und in dem Sympathie, ja sogar Bewunderung, so merkwürdig mit Widerstand und Ablehnung und Aburteil sich vertrug, daß man nie den Mut hatte, es abzurechnen und als endgültige Summe mitzuführen. Ich habe obendrein die Güte, die sie mir entgegenbrachte und die schließlich Freundschaft zu heißen anfing, ich weiß nicht wann, lange Zeit mehr als ein schön erfülltes Vermächtnis der vorangegangen herrlichen Schwester empfangen, denn als wirklich eigenes Geschenk: wobei ich nur immer mehr von der Einsicht in diese Gestalt mich entfernte. Und jetzt stehe ich zum Tode so, daß er mich mehr in denen erschreckt, die ich versäumt habe, die mir unerklärt oder verhängnisvoll geblieben sind, als aus denen, die ich, als sie lebten, mit Sicherheit liebte, wenn sie auch nur einen Augenblick in der Verklärung jener Nähe aufstrahlten, die der Liebe erreichbar ist. – Die Menschen hätten bei einiger Einfalt und Freude am Wirklichen (als welches von der Zeit völlig unabhängig ist) nie auf den Gedanken kommen brauchen, daß sie das, womit sie sich wahrhaft verbanden, irgendwann wieder verlieren könnten: kein Sternbild steht so zusammen; nichts Getanes ist so unwiderruflich wie menschlicher Zusammenhang, der ja schon im Augenblick, wo er sichtbar sich schließt, stärker und gewaltiger im Unsichtbaren vor sich geht, im Tiefsten: dort, wo unser Dasein so dauernd ist wie Gold im Gestein; beständiger als ein Stern. –

Darum gebe ich Ihnen recht, liebe Freundin, wenn Sie meinen, über die zu trauern, »die fortgehen«. Ach, uns kann nur fortgehen, wen wir nie besaßen. Und wir können nicht einmal das betrauern: den und jenen nie recht besessen zu haben: wir hätten weder Zeit noch Kraft noch Gerechtigkeit dazu; denn die momentanste Erfahrung eines wirklichen Besitzes (oder einer Gemeinsamkeit, die ja nur doppelter Besitz ist) wirft uns schon mit solcher Wucht in uns selbst zurück, gibt uns dort so viel zu tun, verlangt so viel einsamste Entwicklung von uns: daß sie ausreichte, uns für immer einzeln zu beschäftigen. –

Ist es nicht so?

Ihr vorletzter Brief hat so gute Nachrichten gebracht; nun wünsch ich tausendmal, daß Ihr jetziger Aufenthalt und Ihr innerer Mut bald wieder zu solchen führt und daß Sie nicht versäumen, mir sie zu senden. Clara arbeitet und macht schöne Dinge. Ich sehe sie Ende der Woche.

Ihr treu ergebener Freund

RMRilke

3. An Elisabeth Freiin Schenk zu Schweinsberg

Paris, 77, rue de Varenne,
am 23. Sept. 1908

Liebes Fräulein von Schenk,

es ist ein recht gutes Werk von Ihnen, daß Sie meinen Brief trotz aller Verspätung, ohne Vorwurf und so selbstverständlich aufgenommen haben, wie seit lange mein Bedürfnis war, ihn zu schreiben. Trotzdem Ihre Einsicht und große Gerechtheit so weit geht, mich von allem Schreiben zu entbinden, so ist doch meine Freude über ihren Brief von heute morgen so groß, daß ich mir die Viertelstunde zu einer kurzen, dankbar gemeinten Antwort aus der gedrängtesten Zeit selbst herausbrechen müßte, um sie als einen kleinen, unscheinbaren Stein einzufassen in den Ring von Gedanken, die sich um Ihre Nachrichten gebildet haben.

Es ist mir recht nach dem Herzen, daß es gute Nachrichten sind, von einem stabilen inneren Zentrum aus gegeben, das allem gegenüber seine Stellung und Stärke zu bewahren sucht. Was Sie von dem Hingang Ihrer verehrten Tante sagen, stimmt mit meinem Gefühl überein: daß wir nicht traurig sein müssen für *sie*. Was aber den Einfluß des Todes eines nahestehenden Menschen auf diejenigen betrifft, die er zurückläßt, so scheint mir schon seit lange, als dürfte das kein anderer sein als der einer höheren Verantwortung; überläßt der Hingehende nicht sein hundertfach Begonnenes denen, die ihn überdauern, als Fortzusetzendes, wenn sie einigermaßen ihm innerlich verbunden waren? Ich habe in den letzten Jahren so viel nahe Todeserfahrungen erlernen müssen, aber es ist mir keiner genommen worden, ohne daß ich nicht die Aufgaben um mich herum vermehrt gefunden hätte. Die Schwere dieses Unaufgeklärten und vielleicht Allergrößten, das nur durch ein Mißverständnis in den Ruf gekommen ist, willkürlich und grausam zu sein, drückt uns (so mein ich immer mehr) gleichmäßiger und tiefer ins Leben hinein und legt uns die äußersten Verpflichtungen auf die langsam wachsenden Kräfte.

Welche liebe Wendung aber haben Sie meinen persönlichen wehmütigen Erinnerungen durch den Anblick des kleinen Kinderbildnisses gegeben, das ich recht aufmerksam betrachtet habe. Ich schicke es Ihnen schon wieder zurück; denn solche Gegenstände weiß man nicht gern außer Haus und unterwegs.

Wieviel Kindheit ist darin und wie ist alles darin beschlossen, in dem stillen, so unbeschreiblich einsamen Kindsein, in der Zeit, da man auf dem Sessel sitzend keinen Boden fühlt und so mutig vor sich hinsitzt im ganz großen Raum, der überall um einen herum anfängt und weitergeht. – Es ist ein sehr liebes, deutsames kleines Bild: ich danke Ihnen, daß Sie michs sehen ließen.

Bleiben Sie dabei, zu glauben, daß Sie mit Ihrem Gefühl

und mit Ihrer Arbeit am *Größten* teilnehmen; je stärker Sie diesen Glauben in sich aufziehen, desto mehr wird Wirklichkeit und Welt von ihm ausgehen.

In treuster Ergebenheit

Ihr
RMRilke

4. An Sidonie Freiin Nádherný von Borutín

z. Zt. Ostseebad Heiligendamm, Mecklenburg
Grand Hôtel, am 1. August 1913

Meine gute Sidie, Ihr Brief geht mir sehr zu Herzen, einerseits möcht ich Sie in Ihrem Schmerz bestärken, damit Sie ihn ganz erfahren in aller seiner Fülle, denn als Erfahrung einer neuen Intensität ist er eine große *Lebens*erfahrung und führt aufs Leben wiederum zu, wie alles, was einen gewissen Grad äußerster Stärke erreicht. Andererseits ist mir bange, wenn ich mir vorstelle, wie abgeschnürt und eingeschränkt Sie jetzt leben, furchtsam, an etwas zu stoßen, was voller Erinnerung steht (und was steht nicht voller Erinnerung?). Sie werden erstarren, wenn Sie so dabei bleiben, Sie dürfen nicht, Liebe, Sie müssen sich bewegen, Sie müssen zu seinen Dingen zurück, müssen Hand an seine Dinge legen, die doch auch durch so vielfache Beziehung und Anziehung die Ihren sind, Sie müssen, Sidie, (dies ist der Auftrag, den dieses unbegreifliche Schicksal über Sie bringt) Sie *müssen* sein Leben *in* dem Ihren fortsetzen, soweit es unvollendet war, sein Leben ist jetzt auf das Ihre übergegangen, Sie, die ihn durchaus kannten, können durchaus in seinem Sinne weitergehen: geben Sie Ihrer Trauer diese Aufgabe, zu erforschen, was er von Ihnen erwartete, für Sie hoffte, an Sie heranwünschte.

Wenn ich Sie doch überzeugen könnte, meine Freundin, daß sein Einfluß nicht aus Ihrem Dasein entgangen ist, (um wie viel sicherer fühl ich meinen Vater in mir wirksam und hülfreich, seit er nicht mehr unter uns weilt) bedenken Sie: wie Vieles im täglichen Leben beirrt, trübt; macht einem die Liebe eines andern ungenau, nun ist er erst recht da, nun hat er alle Freiheit da zu sein und wir alle Freiheit, ihn zu fühlen ... haben Sie nicht Ihren Vater tausendmal so wirken und theilnehmen fühlen aus dem Weltraum, wo alles, alles, Sidie, unverlierbar ist? Glauben Sie doch nicht, es könnte etwas, was zu unseren reinen Realitäten gehörte, fortfallen, aufhören: was da so sicher auf uns wirkte, das war ja schon eine, von allen uns hier geläufigen Umständen unabhängige Wirklichkeit; gerade darum empfanden wir sie so anders, mit so unabhängigem Bedürfnis, weil sie von vornherein schon nicht mehr aufs Hiesige angelegt und determiniert war, – alle unsere wirklichen Beziehungen, alle unsere durchgehenden Erfahrungen reichen durch das *Ganze*, Sidie, durch Leben und Tod, *wir müssen in beidem leben, in beidem innig heimisch sein,* ich kenne Menschen, die schon mit derselben Liebe zutraulich dem einen wie dem anderen gegenüberstehen –, ist denn das Leben uns enträthselter, anvertrauter, als jener andere Zustand? Sind sie nicht beide namenlos über uns hinausgesetzt, unerreichbar beide, – wahr und rein sind wir nur in unserer Willigkeit zum Ganzen, Unentschiedenen, zum Großen, zum Größten. Ach, wenn ichs Ihnen doch *so* sagen könnte, wie ichs weiß, tief in

Ihrer Trauer würde ein Kern von dunkler Frohheit sich ausbilden. Nehmen Sie sich vor, beherzt zu sein, seien Sie's diesen Abend noch, spielen Sie Beethoven, der war auch zum Ganzen.

Ihr Rainer

Den herzlichsten Gruß für Charlie.

5. An Ilse Erdmann

Sonnabend, 9.10.1915

... Worüber ich gern nach und nach viel mehr erführe, das ist jener Knoten von Zufällen, der, wie Sie andeuten, Sie recht eigentlich erst im körperlichen Schmerz gebunden hält. – Läßt sich darüber mehr sagen? Auch hier kommt mein Ahnen Ihnen entgegen. Ich vermute sogar, daß ähnliche Erlebnisse auch mich im Körperlichen verstrickt haben, das mir überhaupt in seiner Doppelheit von Ding und Ich ungemein schwierig scheint. Bei mir kommt freilich hinzu, daß ich, bei nicht sehr starken Schmerzerlebnissen in meiner physischen Natur, von jeher überaus wehleidig war, ja mir will körperlicher Schmerz so durchaus unsinnig erscheinen, daß meine Seele, so er auftritt, ihm nachgibt, als ob er sie aus dem Raum, den sie sonst einnimmt, einfach verdrängte. Ich kann ihn nicht anders als höchstens als eine Intensitäts-Erfahrung hinnehmen, wie wir ja sicher das Intensive längst aus ihm kennen, ehe wir, momentan, in der Freude, in der Entzückung, in verdichteter Arbeit es wiederfinden. Ich möchte glauben, daß ganz kleine Kinder in ungeheuren Intensitäten von Genuß, Schmerz und Schlaf sich durchmachen, später gibt es Zeiten, wo ein körperliches Wehetun gleichsam das einzige Beispiel des Intensiven an uns bleibt, so zerstreuend geht das Leben mit uns um.

Im Sterben dagegen muß leiblicher Schmerz oft eine böse Beirrung sein, da er gewiß das Hiesigste ist, ungültig sozusagen dem Allgemeinen gegenüber, in das der Sterbende sich richtet. Die eigensinnige örtliche Betonung des Schmerzes, die zur Einseitigkeit zwingt, widerspricht wahrscheinlich der Neigung des Sterbenden, ein schon weltisches Teilnehmen zu versuchen: das dann freilich noch ganz mit hiesigen Mitteln geleistet wird; aber die irdischen Mittel sich anzueignen, eine gewisse Vollzähligkeit unserer Beziehungen zur Erde zu erreichen, unsäglich, unbeschreiblich, atemlos hier zu sein: wäre das nicht der einzige Weg für uns, endlich zu mehr als nur Irdischem gefaßt zu werden? Ich meine, wir haben die Unermeßlichkeit an unserer Unfähigkeit zu erfahren, selbst das Ermeßbare auszumessen. Darum schließt auch Kierkegaard uns in den Ernst des Todes ein, ohne darüber hinaus uns Frist oder ewige Zukunft zuzuschreiben. Das *Hiersein* als eine Seite des Seins überhaupt zu verstehen und leidenschaftlich zu erschöpfen, das wäre die Anforderung des Todes an uns, während das Leben, wo man es nur wahrhat, an jeder Stelle das ganze Leben ist.

Ich erinnere Rodins Unwillen über die von Francis Jammes wiederholte Behauptung van Tieghem's, daß der Same gewisser Blumen, eingeschlossen in Meteorsteine, von anderen Sternen auf die Erde gekommen sei –: so wenig wollte er, der wußte, wieviel uns hier zu leisten bleibt (ach was *nicht*?!) die Neugier hinaus und hinüber gewendet wissen. Aber andererseits ist ja auch *das* möglich: den gestirnten Himmel zugehörig ums Herz zu haben, so empfanden Sie ihn, denk ich mir, neulich an jenen Abenden, da Sie über die Wiesen gingen und die früheren Sternkenntnisse in sich wieder aufsuchten. Da wäre ich gern mitschauend, lernend, mit Ihnen gewesen, und was mag das für eine Zeit in Ihrer Kindheit gewesen sein, da man Ihnen die Namen der Sterne vorsagte – wer? Mir fällt ein, ich weiß wenig von Ihrer Kindheit. Fast nichts.

RMR

6. An Adelheid Franziska von der Marwitz

München, Ainmillerstraße 34 / IV,
am 14. Januar 1919

Verehrtes und liebes gnädiges Fräulein,

nur Krankheit könnte ein Schweigen entschuldigen, wie dieses, das ich nun monatelang gegen Sie eingehalten habe –, und ich möchte wohl versichern, daß ich krank sei, wenn ich bedenke, wie sehr mir jede Mitteilung über die Kraft geht, selbst Menschen gegenüber, zu denen ich so viel Antrieb und Anlaß habe, wie gerade zu Ihnen. Mündlich überwind ich noch zuweilen die Hemmungen, die in der Bestürzung dieser furchtbaren Jahre über meine unwillkürlichste Natur hereingebrochen sind: ist mir ein Mensch wirklich gegenüber, so faß ich mich um seinetwillen, (vielleicht ein wenig mit *seiner* Kraft) zusammen –, soll ich aber mittels der Feder auf jemanden zugehen, so ermüd ich, wie im tiefen Sande. Trotzdem: daß Weihnachten hingehen würde, ohne daß ein mindestes Zeichen meines Gedenkens den Weg zu Ihnen antreten sollte, das hätt ich kaum für möglich gehalten. Auch da hab ich nun versagt, die Zeit ging hin, von außen bedrängt, voller Ansprüche, hinter denen allen ich zurückgeblieben bin. Aber ich darf Ihnen versichern, in den paar Momenten festerer und etwas feierlicher Besinnung, die die Gegenwart eines Christbaums von jeher mit sich bringt, hat mein

Gedenken Sie nicht nur gestreift, es hat bei Ihnen verweilt, sich bei Ihnen gesammelt, hat bei Ihnen – lassen Sie mich genau sein – ausgeruht. Und es gab da einen Augenblick, wo ich voller Entschluß war, es müsse uns bald einmal eine persönliche Begegnung, Aussprache und Zuwendung vergönnt sein, bei der ich die Versündigung meines Schweigens gut machen kann.

Ob ich nun gleich die mir in lebhafter Freundschaft von Ihrem Bruder zugedacht gewesenen Zimmer, mit dem Blick in die Weite des Parkes, nie bewohnt habe, so bin ich durchaus nicht unbeholfen nach Friedersdorf zu denken, das mir durch den Wunsch des teuren jungen Freundes, mich dort einmal aufzunehmen, schon irgendwie anvertraut worden ist. Ich bilde mir ein, kaum aufs Erraten angewiesen zu sein, mein Gefühl hat eine unbeirrte Sicherheit zu dem Hause, dem ich nun durch die Kraft des schönen und schön gewählten Vermächtnisses noch nachweisbarer verbunden bin. Mein ganzes Eigentum in Paris muß ich so gut wie verloren glauben, aber nun wächst, seit ich hier ein paar eigene Zimmer besitze, ein Bücherbestand nach und nach heran: zu dessen vortrefflichsten Grundlagen ich diese herrliche Ausgabe der »Odes« (von Claudel) zähle: die mich an unendlich Entbehrtes und doch zugleich unsäglich Unverlierbares in ihrer Art anschließen: an den sich mir darin immer wieder schenkenden Freund und an Paris, das in mein Leben so weit hinein verwirkt und verwandelt ist.

Ob Verhaeren zu denjenigen gehört hat, die Bernhard

von der Marwitz besonders bewundert hat, ob er Ihnen an den Friedersdorfer Abenden aus seinen Büchern vorgelesen hat? Dieser große Dichter, der mitten im Kriege auf dem Bahnhof von Rouen so grausam getötet worden ist, war mir ein wunderbarer und mächtiger Freund, ich will Ihnen einmal von ihm erzählen, wie er mehr und mehr die ganze Kraft und Werbung, die Menschen zu Gott werfen, auf die *Menschen* zu richten vermocht hat, zu denen er Zutrauen, Erwartung, strahlende Freude –, ja eben den Glauben eines großen gewaltigen Gläubigen zu fassen und anzuwenden wußte. Und gerade kraft dieser graden strahlenden Menschen-Gläubigkeit war er ein unüberwindlicher Freund, – von jedem das Reinste, das Herrlichste vermutend, zu nichts so selig bereit, wie zum Bewundern. Ich habe in ihm, dem Großen, denjenigen verloren, der mich am eindringlichsten zu meinen Aufgaben zu ermutigen verstand, – ob er gleich nie eine Zeile von meinen Arbeiten lesen konnte, er glaubte an sie mit einer stürmischen Zuversicht, und ich weiß, er traute mir genau *das* zu, was zu leisten mir ein innerster Jubel wäre. Ich gedenke alles dessen mit besonders bewegtem Gemüt, seit ich sein letztes Buch »Les flammes hautes« in den Händen habe –, seit drei Tagen lese ich fast immerzu daraus vor: könnt ich Sie hier haben, um auch Ihnen das Glück dieser großen Gedichte zu bereiten, in denen Sie gewahren würden, was wir nun alle am dringlichsten haben: daß die Vergänglichkeit nicht Trennung ist –, denn wir haben sie, vergehend wie wir sind, gemeinsam mit den uns Vergangenen –, und sie und wir sind zugleich einig in einem *Sein*, in dem ebensowenig Trennung denkbar ist. Verstünden wir denn sonst solche Gedichte, wenn sie nur die Aussprache eines künftig Toten gewesen wären? Reden sie in uns denn außer dem Hiesigen nicht fortwährend ein Uneingeschränktes und Unerkennbares an? Ja, ich meine, es kann der Geist an keiner Stelle sich so klein machen, daß er nur unser Zeitliches und Jetziges beträfe: wo er uns anbraust, da sind wir Tote und Lebendige in Einem.

Nun erst merke ich, wie sehr die Beiträge, die ich für das Insel-Jahrbuch zusammengestellt habe, alle *dieser* Überzeugung dienen, die in mir durch das möglichst genau erzählte »Erlebnis« bestärkt worden ist und auf die auch in dem grotesken Gedicht »Der Tod« angespielt ist. Der an den Baum Gelehnte wurde gewissermaßen zur lauter ansagenden Waage-Zunge zwischen den beiden Waagschalen von Leben und Tod – ein Bild, das ich nicht gebrauchen kann, ohne mich zu erinnern, wie einmal Romain Rolland mir ein kleines Fragment (wie er versicherte): antikischer Musik vorspielte, das nichts anderes als eine Grabschrift in Noten war: eh ich damals wußte, *was* mit dieser Musik gemeint sei, schilderte ich ihm, sie gebe mir das Empfinden von der Bewegung zweier leise gegeneinander sich auswiegender Waag-Schalen, und erschrak fast vor Glück, als er mir gestand, es handle sich um ein Epitaphium, gefunden auf einer Stele des fünften vorchristlichen Jahrhunderts. Aber das eigentümliche, schwer zu beschreibende »Erlebnis« des in den Baum Eingelehnten bedeutet mir noch – ich möchte fast sagen – die natürliche Einweihung in einen noch tiefer und unsichtbarer begriffenen Ausgleich, für den das Bild der Waage nicht mehr benötigt würde. Dieses leichte Dastehen eines Menschen, eines Lebenden, auf der Seite des Todes, ist wie der Zauber in jenem griechischen Gedicht, da zwei Liebende die Kleider tauschen und nun verwirrt und verwechselt, jeder in der Hülle und Wärme des anderen sich umarmen: so ist hier ein leiser und verliebter Tausch des Äußeren vollzogen und die selige Befangenheit des Wechsels ist knapp davor, in eine der reinsten Sicherheiten überzugehen.

Im Gedicht »Der Tod« aber ist zuletzt der Moment aufgerufen, da mir (ich stand nachts auf der wunderbaren Brücke von Toledo) ein in gespanntem langsamen Bogen durch den Weltenraum fallender Stern zugleich (wie soll ich das sagen?) durch den Innen-Raum fiel: der trennende Kontur des Körpers war nicht mehr da. Und wie hier durch das Auge, so war mir schon früher einmal durch das Gehör diese Einheit angekündigt worden –: auf Capri einmal, als ich nachts im Garten stand, unter den Ölbäumen, und der Ruf eines Vogels, über dem ich die Augen schließen mußte, war gleichzeitig in mir und draußen wie in einem einzigen ununterschiedenen Raum von vollkommener Ausdehnung und Klarheit!

Nun ich Ihnen dieses Alles dazu erzählt habe, darf ich Ihnen den Insel-Almanach auch senden; selbst das schöne

Gedicht der Gräfin Noailles wird Ihnen nun, aus solchen Zusammenhängen heraus, nicht zufällig sein. Und lassen Sie mir die Freude, Sie fortan auf Bücher hinzuweisen, auch wohl Ihnen mal eines senden zu dürfen, das mir lieb ist: Verhaerens »Flammes hautes« z. B., – sowie ich sie wieder bekomme! Noch ist es ja langsam und umständlich mit französischen Büchern!

Ihr
Rilke

7. An Lou Andreas-Salomé

München, Ainmillerstraße 34 IV
am 21. Januar 1919

Meine liebe Lou,

ich verdank es, bei meiner Schreibschwere, einigen eigenthümlich und unwidersprechlich drängenden Umständen, daß ich in dieser Todes-Stunde fühlbarer bei Dir sein durfte. (Darunter einem Besuch in der Pension in den »Fürstenhäusern«, die ich zum ersten Mal seit – »damals« wieder betrat).

Dein Brief hat mir die ganze Treue zu dem kleinen Freund nochmals in's Herz gerufen. Und Du lebst nun Tage leidender Erfahrung –; und doch weiß ich, daß gerade Dir diese Momente nur als ein bestimmtes nahes Anvertrauen widerfahren können.

Die Umlaufszeiten dieser kleinen Herz-Gestirne zu erfassen: ist ja doch auch Einweihung ins eigne Leben; und ob uns diese heiteren Monde auch die reinste Welt-Sonne wiederscheinen, es war doch vielleicht ihre immer abgekehrte Seite, durch die wir mit dem unendlichen Lebens-Raum dahinter in Beziehung standen. –

Herrlich, daß Du soviel und mit so jugendlicher Freude gearbeitet hast: acht Bücher im Bank-*safe*! –

Ich habe nun viel Entschluß, zuhause zu sitzen und – außer vielleicht ab und zu Kassner und zwei, drei andere

Menschen – niemanden zu sehen –, so könnt ich Dich gut um *»Rodinka«* bitten; was mich zögern läßt, ist nur, ob ichs nicht auch lieber von Dir sollte vorgelesen bekommen (wie Ilse)? Denn es war schon sooft dringend, daß wir uns sähen, und immer ist, weil mir alles unter so und so vielen Hemmungen stand, der Augenblick vorbeigegangen. Du denkst wohl nicht, nach München zu kommen?

Die Ainmillerstraße müßtest Du kennen, wenn Du je den alten Keyserling besucht hast; (ich erinnere nicht, ob es dazu kam.) Es ist eine Seitenstraße an der Leopoldstraße, links, die dritte, wenn man an der Georgen- und Franz Josefstraße vorüber ist. Der Blick von meinem Arbeitsraum (der ein Atelier ist) geht über Dächer, über die sich in einer Entfernung Thurm und Kuppel der Ursula-Kirche aufhebt: gegen Abend sieht das dann leicht etwas italienisierend aus, etwa wie die Intarsien aus Marmorstücken, die Reisende früher aus Florenz mitbringen konnten.

Ellen Delp sah ich nicht sehr oft und nicht ohne unwillkürliche Vorsicht. Sie lebt, glaub ich, vom »Glücken« der Dinge, und so kann sie nicht ganz wahr sein.

Dank, Lou: dieses kleine briefliche Nahesein hat mir gut gethan im Innersten.

Rainer.

Gestern abends übersetzte ich noch das Ljermontoffsche Gedicht, das seit lange in meinem Tagebuch eingeschrieben war:

»Выхожу одинъ я на дорогу«:

Einsam tret ich auf den Weg, den leeren,
der durch Nebel leise schimmernd bricht;
seh die Leere still mit Gott verkehren
und wie jeder Stern mit Sternen spricht.

Feierliches Wunder: hingeruhte
Erde in der Himmel Herrlichkeit …
Ach, warum ist mir so schwer zu Muthe?
Was erwart ich denn? Was thut mir leid?

Nichts hab ich vom Leben zu verlangen,
und Vergangenes bereu ich nicht:
Freiheit soll und Friede mich umfangen
im Vergessen, das der Schlaf verspricht.

Aber nicht der kalte Schlaf im Grabe.
Schlafen möcht ich so jahrhundertlang,
daß ich alle Kräfte in mir habe
und in ruhiger Brust des Athems Gang.

Daß mir Tag und Nacht die süße, kühne
Stimme sänge, die aus Liebe steigt,
und ich wüßte, wie die immergrüne
Eiche flüstert, düster hergeneigt.

Прощай!

8. An Adelheid Franziska von der Marwitz

Soglio (Bergell, Graubünden),
am 11. September 1919

Meine liebe junge Freundin,

die Freude, die Ihr Brief mir gebracht hat, hat viele Seiten; lassen Sie mich wenigstens einige aufzählen: Zunächst, dies ist es ja, was wir jetzt vor allem anderen begrüßen, daß Menschen da und dort den Anfang machen, das Leben wieder aufzubauen mit der Kraft und mit dem Glauben ihres unverwüstlichen Herzens –, wie mancher könnte es versuchen, der noch dasteht und nachschaut und deutet und dem schließlich Trübsal und Trägheit zu einem unabsehlichen Anstehen wird: wo doch, dem Gefühl und der Überlegung nach, ein Einziges, Dringendes not tut: sich irgendwo an die Natur, ans Starke, ans Strebende, ans Helle mit unbedingter Bereitschaft anzuschließen und in einem arglosen Sinne vorwärts zu wirken, sei es im Geringsten, im Täglichsten. Mit jedem freudigen Zugreifen, mit jedem Ausblick in die noch unangebrochenen Fernen verwandeln wir nicht allein diesen und den nächsten Moment, wir schaffen auch das Vergangene in uns um, weben es uns ein, lösen den Fremdkörper des Schmerzes auf, von dem wir ja doch nicht wissen, woraus er besteht, und wieviel (vielleicht) Lebens-Antrieb er, aufgelöst, unserem Blute mitteilt!

Nie ist der Tod, gerade der empfundenste, als Lebenshindernis einem überlebenden Wesen auferlegt geblieben, denn seine innerste Wesenheit ist uns nicht konträr, ist, wie man manchmal erraten möchte, lebenswissender als wir in unseren vitalsten Momenten. Ich meine immer, es hat ein solches Gewicht mit seinem ungeheuren Druck irgendwie die Aufgabe, uns einer tieferen innigen Schicht des Lebens einzudrängen, damit wir dann aus ihr umso fruchtbarer emporwachsen; sehr früh haben die Umstände mir diese Erfahrung eingeübt und sie hat sich mir von Schmerz zu Schmerz bestätigt: das Hiesige ist uns nun einmal gegeben und zugemutet und wir müssen alles, was uns widerfährt, in eine neue Vertraulichkeit und Befreundung mit ihm umzuwandeln suchen, denn wohin sollten wir uns abwenden mit Sinnen, die doch für seine Erfassung und Bewältigung vorzüglich eingerichtet sind, – und wie dürfen wir uns der Pflicht entziehen, das uns von Gott zugetraute zu bewundern, – worin doch sicher alle Vorbereitung enthalten ist für jede künftige und ewige Bewunderung! Wenn ich also Ihre frohen und lebhaften Worte mit der vollkommensten Zustimmung in diesem Sinne verstand, so wars ein weiterer Aspekt meiner Freude, daß ich Sie darin durchaus zu erkennen meinte: irgendwie wußte ich längst, daß ein solcher entschlossener Aufschwung von Ihnen kommen würde: da war er –, und nun hab ich eine Art Stolz und Genugtuung, Sie aus Ihren früheren Briefen so recht erraten und vorausgesehen zu haben. Daß Sie nun an einer Stelle, die Ihnen durch so viele Jahre der Kindheit und ersten Jugend heimatlich geworden ist, auf eine neue Weise Boden finden konnten, daß Sie sich auf ihr wiederum gesegnet fühlen, zu Aufgaben und erwünschten Arbeiten angetrieben, und daß die Wärme der täglichen Leistung Ihnen als ein neuer Grad steigenden Lebensgefühls empfindbar werden kann: das ist so viel, daß Sie dem Freunde nichts zu wünschen übrig lassen: als daß alles so bleiben möge; dafür wieder bürgt Ihre Jugend, Ihr reiner Wille und auch die herzliche Natürlichkeit dieses von Ihnen so mutig begonnenen Weges. Denn die Überwindung, mir der Sie vermochten, auf das Treiben der Gleichaltrigen und Gleichstrebenden einzugehen, sich darin arglos auszuleben, diese Überwindung war der schönste und rühmlichste Mut, – und Sie erfahren schon, wie er sich in Ihnen belohnt. – Da Sie mich durch Ihre Erzählung die Sympathie des kleinen, in sich schwingenden Kreises ahnen ließen, so erwidern Sie diese Zuwendung aus meinem Geiste: wie froh wäre ich, eine Stunde zu Ihrer Gemeinsamkeit beizutragen, zu Ihnen allen gebend und unter Ihnen wieder empfangend, froh, herzlich zu sein!

Meine Arbeit ist mir noch nicht wieder ergiebig geworden. Da ist es nun an mir, mich zu tadeln und mir vorzuwerfen, daß ich noch nicht so weit bin, über die Verschüttung der letzten Jahre hinaus meine neuen Ranken und Blättchen auszustrecken, vielleicht drängen sie irgendwo, aber an der Oberfläche ist nur Schutt und Öde und keinerlei Wachstum will sich noch erkennen lassen. Ich müßte auch an irgendeiner Stelle beginnen, jetzt, heute, sofort –, aber es ist kein Wählerisch-Sein, daß ich, trotz solcher Einsicht, auf gewisse Umstände warte, von denen ich mir eine eigentümliche Unterstützung verspreche. Ich hoffe auf ein kleines altes Haus, einen alten Garten, wo ich mit der Natur und einigen Dingen, in denen Vergangenheit pocht, eine lange Abgeschiedenheit antreten dürfte: ohne derartige Hülfe meine ich die Besinnung nicht leisten zu können, die mir diejenige stillste geschützteste Stelle meiner inneren Natur offenbaren sollte, an der die neuen Quellen entspringen. Schon mit Ihrem Bruder Banni sprach ich von diesem Bedürfnis; wie hat er mich herzlich und gründlich verstanden!

Nun handelt sichs darum, daß derartiges sich böte irgendwo. Hier hat sichs fast verwirklicht, wenn auch nur als ein Vorläufiges: man bewohnt in diesem Bergnest (eine Wegstunde kaum von der italienischen Grenze) einen uralten Palazzo Salis, der, obwohl seit Jahrzehnten Hotellerie, sein angestammtes Zubehör, seinen alten Garten mit dem beschnittenen Buchs beibehalten hat und in dem mir zum Überfluß die (sonst den Gästen unzugängliche) alte gräfliche Bibliothek eingeräumt worden ist: ein Zimmer nach meinem innersten Sinn und voller Verwandtschaft mit meinen vertrautesten früheren Installationen. Leben Sie herzlich wohl. Ich bleibe, so lange es gehen will, in der Schweiz, – schreiben Sie mir wieder – über diese Adresse erreicht mich alles.

Ihr freundschaftlich zugetaner

Rilke

9. An Anita Forrer

Locarno (Tessin)
Pension Villa Muralto,
am 14. Februar 1920.

Liebe Anita,

zwischen halb gepackten Koffern und bei vieler Abhaltung durch befreundete Besucher von hier und auswärts, hab ich zwei Ihrige Briefe noch ohne die herzliche Erwiderung gelassen, die ich für jeden empfinde, der mir von Ihnen kommt. Ich will gleich sagen, Anita, daß ich *nichts* vergessen habe. Die Frage an die Freundin fällt doch ebenso, wie alle Ihre Wirrnis, jenem »Aufklärer« zur Last: sie war freilich das, was man »unzart« nennt, diese Frage, aber genau so war auch das Vorgehen des eindringlichen Arztes, und Sie haben da einfach etwas *weitergegeben*, was Ihnen selber fremd war. Sie müssen denken, welche Verwirrung, welchen Umsturz seine Erklärungen über Sie gebracht haben, da lag es wohl nahe, bei der geliebten Gefährtin anzufragen: hast du *bewußt* dieses Unheil über mich gestürzt? Daß Ihre Freundschaft dann zunächst an diesem Vorstoß zerbrach, das war wohl unvermeidlich, denn durch dieses nachträgliche Mißtrauen waren ja doch alle jene Voraussetzungen aufgehoben, die eine Liebe arglos und heiter machen können. Vielleicht ist dieser Verlust nicht so endgültig, wie Sie nun meinen, vielleicht versteht die Freundin eines Tages die Noth, aus der heraus Sie sich an sie gewendet haben –, vielleicht ist nur eine Pause zwischen Ihnen eingetreten: man muß das Leben gewähren lassen. Der Mensch, von sich aus, zerstört so vieles und etwas wiederherzustellen ist ihm nicht gewährt, – dagegen hat die Natur alle Macht der Heilung, man darf sie nur nicht belauschen oder unterbrechen wollen.

Auch mich macht es froh, Anita, daß Sie mich verstanden haben. Hätt ich Ihnen doch früher schon dieses Gespenst einer Last abnehmen können, schade um jeden Ihrer jungen Tage, der darunter gelitten hat. Aber nun erneuern Sie sich alles durch Ihr freudiges Vertrauen, Ihre Briefe beide geben mir Gewißheit Ihrer Erneuerung, deren ich mich übrigens garnicht rühmen dürfte: denn da Sie zuerst an mich schrieben, war sie ja eigentlich schon vollzogen, nur ein wenig Aussprache hat Ihnen gefehlt, liebes Kind, um einen inneren Besitz anzutreten, der schon ganz im Stillen vorbereitet war. Was konnte ich dazu thun, was würde ich je hinzuthun können? Nur *zeigen* konnte ich Ihnen, was Sie schon in sich gewonnen hatten. Dies scheint mir immer noch das Wunderbarste des Lebens, daß oft das Plumpe und Grobe irgend eines Eingriffs, daß eine offenkundige Verstörung zum Anlaß werden kann, eine neue Ordnung in uns anzulegen. Dies ist ja die vorzüglichste Leistung der Lebenskraft, daß sie sich das Böse in Gutes auslegt und recht eigentlich umkehrt: Ohne diese Zauberei wären wir alle böse, denn Böses kommt an jeden heran und in jeden hinein, und man könnte jeden in einem Moment überraschen, da er »schlecht« wäre; nur daß man nicht stehen bleibe, *das* ist das Geheimnis, daß man *lebe*, – nichts ist unhaltbarer als das Schlechte, darum dürfte kein Mensch je denken, daß er es »sei«, er rühre sich: schon ist er es nicht mehr.

Einmal stand ich auf einer Brücke in Paris und sah von ferne auf einer zum Fluß hinunter gemauerten Straße, in Wachstuch eingeschlagen, einen Selbstmörder liegen, den man eben tot aus der Seine gezogen hatte. Plötzlich hörte ich jemanden neben mir etwas sagen; es war ein junger blonder Fuhrmann in blauer Bluse, ganz jung, rothblond, mit klugem, pfiffig-zugespitzen Gesicht. Am Kinn hatte er eine Warze, aus der ein steifes Büschel rother Haare, wie ein Pinsel, beinahe übermüthig, heraussprang. Da ich mich ihm zukehrte, wies er mit einem Ruck des Kopfes gegen jenen Gegenstand hin, der uns beide beschäftigte, und sagte, zwinkernd: »Dites donc celui-là, s'il a pu encore faire ça, il aurait bien pu faire autre chose.« [Sagen Sie mal, wenn der da das hat noch machen können, hätte er gut auch anderes machen können.]

Ich schaute ihm erstaunt nach, während er schon zu seinem enormen Steinkarren zurückging, denn wirklich: *was* müßte man nicht alles mit eben jener Kraft leisten können, die nöthig ist, um die starken gewaltigen Bindungen des Lebens zu lösen! Seither weiß ich gewiß, daß auch noch das Schlechteste, die Verzweiflung, nur eine Fülle ist, ein Andrang des Daseins, der sich mit einem einzigen Entschluß des Herzens ins Gegentheil werfen ließe, und wo etwas ganz schwer und unerträglich wird, da stehen wir auch immer schon dicht vor seiner Verwandlung. Leben Sie wohl für heute, Anita.

Rainer.

10. An Erwein Freiherrn von Aretin

Schloß Berg am Irchel,
Kanton Zürich, Schweiz,
am 1. Mai 1921

Mein lieber Freund,

durch Ihren neuesten Brief war ich darauf vorbereitet, wie nahe Ihnen jener große, Ihnen nächste Verlust bevorstehe, den mir nun die gestern abend eingetroffene Anzeige wirklich vorstellt.

Ich möchte daraufhin so rasch als möglich mit einigen Zeilen bei Ihnen sein.

Es scheint mir sicher, daß Sie voll gefaßten Gefühles sind und unter dem Einfluß der reinen stillen Gesetzmäßigkeit, die ja nicht anders als stumm und rücksichtslos sein kann, unserer Beschränkung gegenüber.

Ihre Mutter wird im Glauben jene innerlichste Tröstung finden, die in der eignen Mitte des Schmerzes entspringt; mögen Sie nur alle sich fähig fühlen, ihr das Zurückbleiben sanft und versöhnlich zu machen.

Im Übrigen ist es ja unserer Trauer seltsames Vorrecht, daß sie *dort*, wo sie nicht durch den Widerspruch beirrt erscheint, daß wir in einzelnen Fällen ein Leben, scheinbar unvollendet, unterbrochen, abgerissen meinen –, ganz Lernen sein darf, ganz Leistung, reinste vollkommenste Besinnung. Und nirgends erweist sie sich größer in diesem eigentümlichen Uns-aufgegebensein, als wenn der Verlust des Vaters, in seinem hohen Alter, uns betrifft: welcher uns, gewissermaßen, zu einer neuen Zusammenfassung, ja zu einer ersten Selbstständigkeit unserer inneren Fähigkeiten verpflichtet.

Solange der Vater uns lebt, sind wir doch eine Art Relief an ihm (daher auch die Tragik der Konflikte), – erst dieser Schlag macht uns ganz zur ronde-bosse [Rundskulptur], frei, ach, freistehend auf allen Seiten … (die Mutter hat uns ja von Anfang an, die mutige, so weit sie konnte, hinausgestellt –).

Nur dies, lieber Freund, indem ich Ihnen herzlich die Hände reiche und der Ihrigen gedenke.

Immer Ihr Rilke

11. An Nanny Wunderly-Volkart

[Etoy, 2. 6. 1921, Donnerstag]
Jeudi,

…

Den kleinen Zeitungs-Ausschnitt den ich noch beifüge, aus dem Figaro (überschrieben: L'autobus – char d'assaut [Panzerkampfwagen]): darf ich ihn gelegentlich zurückhaben? Ich habe ihn immer wieder gelesen, ob er gleich nur eines von jenen unzähligen fait-divers erhält, wie sie jeden Tag zu Dutzenden berichtet werden; (die N[eue] Z[ürcher] Z[eitung] faßt immer in einer Rubrik zusammen: »Unglückfälle und Verbrechen«; sind die Unglücksfälle die Verbrechen des Schicksals?) Diese arme kleine Lucie Ramé aus Essonnes, die schon unglücklich genug ist, den ganzen Tag hinter einer Scheibe Schreibmaschine zu klopfen, nun fährt ein Autobus in dieses Fenster und drückt ihr die Brust über dem kleinen Herzen ein … lieber Gott: *wozu*? Hundert- und hundertmal hat man dergleichen hingenommen, auf einmal erträgt man's nicht mehr! Das ganze heutige Leben (auch die »Ungläubigen« inbegriffen) ist vielleicht nur in dem einen Punkte einig, nur darin, keine gründlichen Schlüsse aus dem Tode der Mlle Lucie Ramé zu ziehen, obgleich, genau genommen, keine Nachricht gegen ihn aufkommen kann. Es heißt entweder: Der Tod ist ein so unbeschreiblicher, unermeßlicher Werth, daß

Gott zuläßt, daß er uns immer, und selbst in der unsinnigsten Weise, darf zugefügt werden, nur weil er uns ein Größeres nicht zuzuwenden vermag. Oder diese Nachricht ist *so* zu lesen: unser persönliches Dasein hat keinerlei Bedeutung für Gott, weit entfernt, ihm seine Dauer zuzumessen, weiß er gar nichts von seinem Vorhandensein und von dem ungeheuren Werthe, den wir seiner Fristung zuschreiben. Diese Einsicht, wenn man sie nur einmal *wirklich* erlebte, würde in den freieren Köpfen keineswegs den Schaden anrichten, daß Gott geleugnet würde; aber sie wäre imstand, die wesentlichen Bedingungen seiner Existenz gegen die unsere abzugrenzen. Nichts macht unfähiger, Gott wirklich zu erfahren, als unser Eigensinn, Eingriffe seiner Hand *dort* erkennen zu wollen, wo sie sich von jeher enthält, – und indem wir uns seine Theilnehmung an so vielem uns Angehenden einbilden, versäumen wir wahrscheinlich ihre, an anderen Stellen sich erfüllenden Zeichen und ihre lautesten Beweise. Wieviel Kränkung, die mir der Krieg zugefügt hat, kam immer noch davon her, daß ich das Zugrunde-gehen so vieler begabter, ja ausdrücklich berufener Menschen mit Gott nicht vertragen konnte! Irgend ein Mißverstehen von Gottes »Schutz« steckt uns allen im Blut und betrügt uns um eine uns gehörige Freiheit, deren erste Folge (wenn wir sie zu brauchen verstünden) ein anderes Verhältnis zum Tode wäre.

Die Spanne zwischen Geburt und Sterben, über die wir »Ich« schreiben, ist keine Maaßeinheit für Gott; Leben + Tod macht für ihn wahrscheinlich erst einen Gradzwischenraum aus, vielleicht auch ist eine fortgesetzte *Reihe* von Leben und Toden nöthig, damit Gott den Eindruck: *Eins* habe, – vielleicht aber ist nur der Creatur im Ganzen verstattet, sich vor ihm »Ich« zu nennen, und alles Spielen, Aufkommen und Schwinden *in* ihr, wäre dann ihre Sache.

Es ist schade, Gott hat die kleine Lucie Ramé nicht gekannt, es wäre ihm in keiner Weise beizubringen, daß der Autobus sie erdrückt hat, – denn auch ihn, den Autobus, »char d'assaut« hat Gott nie gesehen! Wir müssen uns daran gewöhnen, in einer Athempause Gottes zu liegen, zwischen zwei seinigen Athemzügen: denn das heißt: in der Zeit sein. Es wäre denkbar, er hinge mit der Kreatur eben nur durch den Akt zusammen, durch den er sich ihrer entäußert hat, nur das Unerschaffene hätte dann ein Recht, sich fortwährend an Gott angeschlossen zu glauben. Die kurze Zeit unseres Daseins ist vermuthlich gerade die, da wir den Zusammenhang mit ihm verlieren, herausgerathen sind aus ihm, ins Geschaffene, *das er allein läßt.* Auf Erinnerungen und Vorgefühle angewiesen, soweit nicht die Aufgabe noch dringender ist, unsere Sinne anzuwenden an das Hiesige und sie so weit auszudehnen, bis sie zu einem einzigen Sinn der Bewunderung zusammenwachsen. –

...

R.

12. An Reinhold von Walter

Le Prieuré, *Etoy*
Canton de Vaud, Suisse
am 4. Juni 1921

…

Ob ich in jenem Vertrauen zum Tode, von dem Sie mir schreiben, weitergekommen bin, wird sich auch nur innerhalb jener großen Arbeit zeigen können. Sie haben recht, nichts ist uns so unbedingt aufgegeben, wie das tägliche Erlernen des Sterbens, aber nicht durch Absagen an das Leben bereichert sich unser Wissen um den Tod; erst die ergriffene und aufgebissene reife Frucht des Hiesigen vertheilt in uns seinen unbeschreiblichen Geschmack.

…

13. An Gertrud Ouckama Knoop

4. Januar 1922

Verehrte Freundin,

was soll ich sagen? – Sowenig Sie neulich imstande waren, nach Abschrift jener Aufzeichnungen, mir noch irgend etwas daneben zu schreiben, so wenig fähig bin ich nun selbst, mich Ihnen mitzuteilen, solange ich noch der Leser jener Blätter bin, über sie gebeugt, immer, trotz alles Aufblicks. Ich hatte das alles gar nicht geahnt, kaum von den Anfängen jener Krankheit wußte ich Genaueres –, und nun wars mit Einem die Einführung in ein mich so vielfältig Berührendes, Ergreifendes, Überwältigendes. Läse man dies, und es beträfe irgendein junges Mädchen, das man nicht gekannt hat, so wärs schon nahe genug. Und nun gehts Wera an, deren dunkler seltsam zusammengefaßter Liebreiz mir so unsäglich unvergeßlich und so unerhört heraufrufbar ist, daß ich, im Augenblick, da ich dies schreibe, Angst hätte, die Augen zu schließen, um ihn nicht mit einem Male mich, in meinem Hier- und Gegenwärtigsein, ganz übertreffen zu fühlen.

Wie sehr, wie sehr, wie sehr *ist* sie das alles gewesen, das, wovon diese Erinnerungen Ihres Schmerzes ein so tiefes unwiderrufliches Zeugnis ablegen, – und, nicht wahr? wie wunderbar, wie einzig, wie unvergleichlich ist ein Mensch! Da entstand nun, da alles sich aufbrauchen durfte, plötzlich, was sonst für ein langes Da(Wo?)-sein hätte vorreichen mögen, da entstand nun dieses Übermaß von Licht in dem Herzen des Mädchens, und in ihm erscheinen, so unendlich erhellt, die beiden äußersten Ränder ihres reinen Einsehens: *dieses*, daß der Schmerz ein Irrtum sei, ein im Körperlichen entspringendes dumpfes Mißverständnis, das seinen Keil hineintreibt, seinen steinernen Keil, in die Einheit Himmels und der Erde –, und auf der anderen Seite dieses einige Einssein ihres, allem erschlossenen Herzens *mit* dieser Einheit der seienden und währenden Welt, diese Zusage ans Leben, dieses freudige, dieses gerührte, dieses bis ins Letzte fähige Hineingehören ins Hiesige – ach, ins Hiesige nur?! Nein, (was sie nicht wissen konnte in diesen ersten Angriffen des Abbruchs und Abschieds!) – – ins *Ganze*, in ein viel mehr als Hiesiges. Oh, wie, wie liebte sie, wie reichte sie mit den Antennen ihres Herzens über alles hier Erfaßliche und Umfängliche hinaus –, in jenen süßen schwebenden Leid-Pausen, die, voll vom Traum der Genesung, ihr noch vergönnt waren …

Es scheint, liebe Freundin, daß das Schicksal Wert darauf gelegt hat, Sie über den gewöhnlichen Rand hinaus, gleichsam jedesmal auf ein überhängendes Felsstück des Lebens, an die Todesschlucht zu führen und immer bloßgelegteren Herzens. Nun leben Sie und sehen zu und fühlen, aus unendlicher Erfahrung –.

Mir aber, Verehrteste, mir ists wie eine ungeheure Verpflichtung zu meinem Innersten und Ernstesten und (wenn ichs auch nur von fern erreiche) Seligsten gewesen, daß ich am ersten Abend eines neuen Jahres diese Blätter habe in Besitz nehmen dürfen.

Ihr
Rilke

14. An Gräfin Alexandrine Elise Klara Antonia von Schwerin

Château de Muzot sur Sierre (Valais):
am 16. Juni 1922

Meine verehrte Gräfin,

wie manchmal, beim Versuchen einer Orgel, aus dem Anschlag zweier Tasten ein ganzer Sturm von Klang hervorbricht, so haben Sie, mit dem kurzen Anrühren zweier Tatsachen, das ganze plötzliche Übermaß jener Leiden, die Ihr Leben jetzt ausmachen, mir herüber fühlbar gemacht! Ich konnte nicht schreiben, ich hatte Hausbesuch auf Muzot, einen nach dem anderen, lang erwartete Freunde –, aber ich kann es auch jetzt, nach deren Abreise, nicht, denn was Sie da getroffen hat, ganz besonders der zweite, so weit in die Zukunft geführte Schlag, entzieht sich jeder aussprechlichen Teilnehmung: glauben Sie, liebe gnädigste Gräfin, an meine schweigende, herzlich mitwissende … Dies, von Herzen, auch für den Grafen Ebo!

Wo für einen jeden von uns in solcher Heimsuchung die Trost-Quellen fließen, das ist eine Frage der persönlichen Erfahrung und Fügung. Mögen Sie irgendwo im Dickicht des verwildernden Schmerzes die kleine Quellenspur entdecken, die alle Tränen schon vor einem geweint hat und *für* einen im voraus. Denn es ist undenkbar, daß dieses von jeher mögliche, vorgesehene und so oft an Menschen versuchte und verübte Leid *un*tröstbar sei. Gerade dieses reift in sich den eigensten süßesten Trost: gerade der größeste naheste dringendste menschliche Verlust reift ihn am sichersten. Gehen Sie auf den Grund dieser Innigkeit, haben Sie Vertrauen zu dem Furchtbarsten, statt Abwehr dawider, – es gibt sich dem, der ihm trotzdem, wider so gewaltigen argen Anschein, vertrauen kann, als Einweihung zu erkennen. Durch das Verlieren, durch so großes, so unmäßiges Verlieren, sind wir recht eigentlich eingeführt ins *Ganze*, der Tod ist nur ein unerbittliches Mittel, uns auch mit der uns abgekehrten Seite unseres Daseins (was soll ich *mehr* betonen: »unseres« oder »Daseins«? Beides ist hier von der schwersten Betonung, wie mit dem Gewicht aller Sterne aufgewogen!) vertraut, vertraulich zu machen.

Nach Friedelhausen darf ich ganz besonders so schreiben; denn meine eigene lange Schulung in diesen Dingen begann mit dem Tode der Gräfin Schwerin, Ihrer Schwiegermutter: was ich damals staunend, ungläubig zunächst, zu erlernen begann, wie sehr bestätigte es sich später beim Verluste meines Vaters, der mir so teuer war, daß mir, die ganze Kindheit über, der bloße Gedanke, er könne nicht mehr sein eines Tages, die Natur draußen und drinnen zum Anstehen brachte. – Und in Wirklichkeit, später, unter dem Einfluß immer weiterer Einweihung, wurde sie mir redender, rührender und bewegter über jedem, gleichsam an ihr Herz hinan durchgemachten Verlieren.

Sollte ich nach Deutschland kommen, Sommers oder

Herbstes, so liegt das liebe Friedelhausen zum Glück auf dem Weg! – Tausend Grüße in alter Anhänglichkeit.

Ihr immer ergebener
Rilke

15. An Elisabeth von der Heydt

Château de Muzot sur *Sierre* (Valais), Schweiz,
am 17. August 1922

Verehrte und liebe Frau von der Heydt,

welche Bewegung in mir, Ihnen die Hände zu reichen: lassen Sie mich, in eigener Schrift, wiederholen, was, gestern schon, mein Telegramm, Ihnen zu versichern, vorausgeeilt war: seit deren Eintreffen stehen alle meine Stunden unter dem Einfluß der bestürzenden Nachricht. Mögen Sie fühlen können, daß ich unter denen bin, die Karl von der Heydt um seines stillen und tiefen Wertes willen anhänglich und zugetan gewesen sind: es genügte, dieses Verhältnis so aufzufassen, wie es war, um sofort zu verstehen, daß diese Beziehung vor seinem Andenken zu einer bleibendsten werden muß, vermehrt in ihrer Natur um ein Unsägliches an Wehmut und Ehrfurcht.

Selbst die kurze Fassung der Todes-Anzeige ließ mich fühlen und mitwissen, welches starke Beispiel von Duldung und Langmut Sie, während der letzten Jahre, vor Aug und Herzen gehabt haben mögen, welchen Beweis gerechten und reinen Ertragens, welchen täglichen und endgültigen Mut.

Es will mir scheinen, als ob ich von all dem nicht so entfernt gewesen wäre, wie es, den Umständen nach, den Anschein hat; trotzdem, trotz dieser fühlbaren inneren

Nähe überflutet mich nun der Vorwurf, gegen den getreuen und einsichtigen Freund so vieler Jahre in der letzten und vorletzten Zeit nicht mitteilsamer gewesen zu sein. Mein Schweigen war, zum Teil, durch Bedrückungen und Sorgen verursacht, die mir die Feder zurückhielten, denn mir war klar, daß man ihm nur noch heiter schreiben dürfe. Ebenso glücklich machte es mich, daß ich ihm eine wirklich gute Nachricht für einen nahen Moment vorbereiten durfte: bald hätte ich ihm von dem Abschluß einer großen, seit zehn Jahren in Schwebe gebliebenen Arbeit erzählt –, ich schob die Mitteilung nur deshalb noch hinaus, um, möglichst gleichzeitig mit dem Briefe, auch schon ein paar Proben vorlegen zu können. Wie oft stellte ich mir vor, daß gerade diese neue, langsam erwachsende Leistung ihm so lieb und nahe sein würde, wie es einst, zu seiner Zeit, das Stundenbuch gewesen ist, das doch die eigentliche Basis des herzlichen, oft hilfreichen Vertrauens war, dessen ich mich von seiner Seite rühmen durfte! Die jähe Entbehrung, Karl von der Heydt nicht mehr unter diejenigen zu rechnen, zu denen dieses Buch eines Tages hinausgehen wird, ist eine der empfindlichsten Stellen meines, im übrigen von so viel Erinnerung genährten Schmerzes …

Ich darf Sie bitten, auch Baronin Palm und die Ihrigen, sowie besonders Gerda-Dorothea, daran zu erinnern, daß ich mich in ihre große Heimsuchung, durch das Bewußtsein meines eigenen Verlustes, einbezogen fühle. Sie werden mir alle dieses schmerzliche Recht einräumen, aus dem ich auch den Vorzug ableite, Ihnen, liebe Frau von der Heydt, für alle Zukunft in alter Freundschaft ergeben bleiben zu dürfen.

Ihr
Rilke.

16. An Marguerite Masson

Château de Muzot
Sur Sierre
Valais
an diesem 4. Januar 1923

Werte Dame,

nachdem ich Ihren Brief erhielt, war ich sehr glücklich, daß Monsieur Contat mir gestattet hatte, Ihnen zu schreiben und Ihnen dieses Buch anzueignen. Es war Ihnen, aufgrund dessen, was Sie über Ihr Leben sagen, bestimmt: daß sein schmerzhaftestes Ereignis auch das größte war. Dies, um es so zu sagen, ist die geheime These dieser Seiten, und es ist vielleicht sogar der angeborene Glaube, der sie hervorbrechen ließ, – diese Überzeugung, das das Größte an unserem Dasein, welches dieses so kostbar und unaussprechlich macht, sich überaus vorsichtig unserer schmerzhaften Erfahrungen bedient, um in unsere Seele einzudringen … Es stimmt natürlich, daß zuweilen auch das Glück als Vorwand dienen kann, um uns in das einzuführen, welches uns aufgrund seiner eigenen Natur übersteigt. Aber dort läßt sich sehr viel einfacher sogleich begreifen, daß man uns Gutes will, obgleich die Schwierigkeit, dieses Gute, das wir mitten im Glück erhalten, zu *gebrauchen*, sicherlich nicht geringer ist als zu erkennen, daß es etwas Positives am Grund der Verluste gibt, die uns der Schmerz auferlegt. All diese Tage nun frage ich mich, wenn ich diese wundervollen weißen Rosen betrachte, ob sie nicht das vollkommenste Bild genau dieser Einheit sind: dieser (so würde ich sogar sagen) Identität von Abwesenheit und Gegenwart, die vielleicht die grundlegende Gleichung unseres Lebens ausmacht? Die Aufzeichnungen des Malte L. Brigge stellen nichts als einige wenige Schritte in diese Richtung dar – man müßte viel entschlossener dorthin gehen und besonders müßte man diese alten und ererbten Zweifel zerstören, die uns vom besten Teil unserer eigenen Kräfte trennen, welche wir mit so viel Mißtrauen betrachen bis sie uns fremd werden – da sie uns andere Mittel der Dauer als die, die wir mit unserer Persönlichkeit verträglich glauben, je nachdem anbieten oder auferlegen. Es ist ein gesegneter Moment des inneren Lebens, in dem man sich entscheidet oder entschließt, von jetzt an mit aller Kraft und unbeirrt all *das* zu lieben, was man am meisten fürchtet und was uns – nach unseren eigenen Maßstäben – *zu sehr* hat leiden lassen. Glauben Sie nicht, wenn diese Entscheidung einmal gefallen ist, daß das Wort »Trennung« dann nur noch ein von jeglicher Bedeutung entledigter Name ist, es sei denn, es wird zur süßen Namenslosigkeit einer unendlichen Menge von noch nie dagewesenen Entdeckungen, Harmonien und unvorstellbaren Durchdringungen …

Ich danke Ihne, werte Dame, für diese schöne, schweigsame Photographie: wie sie die prekäre Erinnerung in der Balance hält, wenn man sie auf der anderen Seite mit weißen Rosen aufwiegt.

Ja, erweisen Sie mir doch bitte die Ehre, falls Sie eines Tages mit Monsieur Contat nach Muzot kommen sollten (was ich sehr hoffe), daß Sie hier bei einem alten Freund einkehren, den Sie immer treu und ergeben finden werden.

R. M. Rilke

17. An Gräfin Margot Sizzo-Noris

Château de Muzot sur Sierre, Valais,
am Drei-Königs-Tag [6. 1.] 1923

Meine verehrte Gnädigste Gräfin,

noch vor einigen Tagen las ich Ihren frohen Brief aus dem Sommer wieder, und begriff gar nicht die Säumigkeit meiner Brieffeder, die diese gütigen, in so vielfacher Weise mitteilsamen Zeilen so lange unerwidert lassen konnte. Und doch schrieb ich nicht gleich! Es ist, als ob meine Feder – leider hat man ja die gleiche für alles Schriftliche, Arbeit und Korrespondenz – sich durchaus eine Ruhe erzwingen wollte nach den großen Anstrengungen des vorigen Jahrs ...

Und auch ich selbst! Einer solchen Arbeitsausgabe folgt jedes Mal ein Ratlossein, nicht daß man eigentlich leer wäre, aber bestimmte Vorräte des eignen Wesens sind verwandelt, sind fortgegeben und gleichsam dem eigenen persönlichen Gebrauche für immer entzogen. Man mag sich nicht sofort nach anderem inneren Besitz umsehen – man weiß eigentlich nicht, *was* man mag, es ist ein Zustand des Zögerns, des Sich-langsam-Umwendens, – und es zeigt sich, daß man in solcher Zeit ungern »Ich« sagt –, denn was wäre, ohne Anstrengung und Zwang, von solchem Ich auszusagen? Oft in solchen Momenten, früher, kam mir dann ein äußerer Wechsel zustatten, was sowohl dem Ausruhen wie dem Neuanfang günstig war (– ein Teil meiner Unstetheit mag sich sogar daraus erklären, daß ich jedesmal nach Ablauf einer derartigen Intensitätsperiode *jede* Veränderung, die sich von außen anbot als eine erwünschte Hülfe hinnahm ...); auch diesmal wäre es vielleicht so gekommen, ich war entschlossen, Muzot zu verlassen, sei es, um wieder nach Paris zu ziehen (was für gewisse Studien, die ich vorhabe, längst geboten wäre), sei es, um unsere – mir selber noch unbekannte – Urheimat, Kärnten aufzusuchen und zu sehen, ob dort eine Niederlassung möglich wäre ... Das Familienwappen, ich glaube mit einer Jahreszahl des vierzehnten Jahrhunderts, soll noch im Ständehaus in Klagenfurt, immer wieder aufgefrischt, vorkommen, – und ich, nicht allein weil ich der letzte Männliche meines Stammes bin, fühlte mich ganz geeignet, einen solchen weiten Kreis durch eine Art Heimkehr dorthin, wenn das ohne Gewaltsamkeit möglich ist, zu schließen, um mich für einige Zeit dort anzusiedeln, von wo wir, wie Legende und Überlieferung versichert, ausgegangen sind! (»Csakathurn«, wie es heißt eines der ältesten Lehensgüter der Kärntner Rilke ist ja nun, wenn ich nicht irre, ein erblicher Besitz und Titel in der Familie der Grafen Festetics, Ihrer Verwandten!) – Aber dann war der mindeste Versuch, beweglich zu werden, sofort mit soviel Schwierigkeiten verbunden, daß ich, mehr und mehr, nachgab und mich noch für einen Winter auf Muzot einschloß, im besten Entschluß auch die diesmalige Klausur so fruchtbar als möglich zu machen. Ich nahm denn auch gleich verschiedene Übersetzungsarbeiten auf, die mich wohl durch die stillen Monate hin reichlich beschäftigen werden, und ich würde darin schon weiter sein, wenn nicht gesundheitliche Störungen sich über jeder etwas heftigeren Anstrengung oder Erregung einstellten, offenbar auch eine Folge der etwas forcierten Leistung der vorigen Arbeitsperiode.

Dies Alles von mir: liebe Gnädigste Gräfin! Wo Ihr neuerster Brief doch so unmittelbaren und unvermutet schmerzlichen Anlaß gebracht hat, von Ihnen und *zu Ihnen* zu reden. Aber gerade, weil dieses so sehr not tut, wollte ich mich Ihnen, nach so langem Schweigen, erst wieder tatsächlich gegenwärtig gemacht haben, damit die warmen Worte der Teilnehmung, die Ihnen zuzuwenden ich mich aufs Natürlichste gedrängt fühle, nicht aus zu vaguem Ursprung zu Ihnen hinüberkämen. Damit Sie um so besser fühlen, *wer* sie spricht und aus welcher Lage. Worte ..., können es solche der Tröstung sein? – Ich bin dessen nicht sicher, ich glaube auch nicht recht, daß man sich über einen Verlust von der Plötzlichkeit und Größe dessen, den Sie erlitten haben, trösten kann oder soll ...

»Wehe denen, die getröstet sind«, so ähnlich notiert die mutige Marie Lenéru in ihrem merkwürdigen »Journal«, und hier wäre ja auch Trost eine der vielen Ablenkungen, eine Zerstreuung, also im Tiefsten ein Leichtsinniges und Unfruchtbares. – Selbst die Zeit »tröstet« ja nicht, wie man oberflächlich sagt, sie räumt höchstens ein, sie ordnet –, und nur weil wir die Ordnung, zu der sie so still mitwirkt, später so wenig genau nehmen, ja sie so wenig betrachten, daß wir das nun Eingestellte und Besänftigte, im großen Ganzen Versöhnte, statt es dort zu bewundern, nur weil es uns nicht mehr so wehe tut, für eine unsrige Vergeßlichkeit und Schwäche des Herzens halten. Ach, wie wenig *vergißt* es, das Herz, – und wie stark wäre es, wenn wir ihm nicht seine Aufgabe entzögen, ehe sie völlig und eigentlich geleistet sind! – Nicht sich trösten wollen über einen solchen Verlust, müßte unser Instinkt sein, vielmehr müßte es unsere tiefe schmerzhafte Neugierde werden, ihn ganz zu erforschen, die Besonderheit, die Einzigkeit gerade *dieses* Verlustes, seine Wirkung innerhalb unseres Lebens zu erfahren, ja wir müßten die edle Habgier aufbringen, gerade um *ihn*, um seine Bedeutung und Schwere, unsere innere Welt zu bereichern … Ein solcher Verlust ist, je tiefer er uns trifft und je heftiger er uns angeht, desto mehr, eine *Aufgabe*, das nun im Verlorensein hoffnungslos Betonte, neu, anders und endgültig in Besitz zu nehmen: *dies* ist dann unendliche Leistung, die alles Negative, das dem Schmerz anhaftet, alle Trägheit und Nachgiebigkeit, die immer einen Teil des Schmerzes ausmacht, auf der Stelle überwindet, dies ist tätiger, innenwirkender Schmerz, der einzige, der Sinn hat und unserer würdig ist. Ich liebe nicht die christlichen Vorstellungen eines Jenseits, ich entferne mich von ihnen immer mehr, ohne natürlich daran zu denken, sie anzugreifen –; sie mögen ihr Recht und Bestehen haben, neben so vielen anderen Hypothesen der göttlichen Peripherie, – aber für mich enthalten sie zunächst die Gefahr, uns nicht allein die Entschwundenen ungenauer und zunächst unerreichbarer zu machen –; sondern auch wir selber, uns in der Sehnsucht hinüberziehend und *fort* von hier, werden darüber weniger bestimmt, weniger irdisch: was wir doch, vor der Hand, solange wir *hier* sind, und verwandt mit Baum, Blume und Erdreich, in einem reinsten Sinne zu bleiben, ja immer erst noch zu werden haben! Was mich angeht, so starb mir, was mir starb, sozusagen in mein eigenes Herz hinein: der Entschwundene, wenn ich ihn suchte, nahm sich *in* mir eigentümlich und so überraschend zusammen, und es war so rührend, zu fühlen, daß er nun *nur* noch dort sei, daß mein Enthusiasmus seiner dortigen Existenz zu dienen, sie zu vertiefen und zu verherrlichen, fast in demselben Augenblick die Oberhand bekam, in dem sonst der Schmerz die ganze Landschaft des Gemüts überfallen und verwüstet haben würde. Wenn ich mich erinnere, wie ich – oft bei äußerster Schwierigkeit, einander zu verstehen und gelten zu lassen – meinen Vater geliebt habe! Oft, in der Kindheit, verwirrten sich meine Gedanken, und das Herz erstarrte mir über der bloßen Vorstellung, er könne einmal nicht mehr sein; mein Dasein schien mir so völlig durch ihn bedingt (mein, von vornherein doch so anders gerichtetes Dasein!), daß sein Fortgehen meiner innersten Natur gleichbedeutend war mit meinem eigenen Untergang ..., aber *so* tief steckt der Tod im Wesen der Liebe, daß er ihr (wenn wir ihn nur *mit*wissen, ohne uns durch die ihm angehängten Häßlichkeiten und Verdächte beirren zu lassen) nirgends widerspricht: *wo*, schließlich, kann er Eins, das wir unsäglich im Herzen getragen haben, anders hin verdrängen, als *in* eben dieses Herz, wo wäre die »Idee« dieses geliebten Wesens, ja seine unaufhörliche Wirkung (: denn *wie* könnte *die* aufhören, die doch schon, da es mit uns lebte, von seiner greifbaren Gegenwart mehr und mehr unabhängig war) … *wo* wäre diese immer schon geheime Wirkung gesicherter, als *in* uns?! Wo können wir ihr näher kommen, wo sie reiner feiern, wann ihr besser gehorchen, als wenn sie mit unseren eigenen Stimmen verbunden auftritt, als ob unser Herz eine neue Sprache gelernt hätte, ein neues Lied, eine neue Kraft! – – Ich werf es allen modernen Religionen vor, daß sie ihren Gläubigen Tröstungen und Beschönigungen des Todes geliefert haben, statt ihnen Mittel ins Gemüt zu geben, sich mit ihm zu vertragen und zu verständigen. Mit ihm, mit seiner völligen, unmaskierten Grausamkeit: diese Grausamkeit ist so ungeheuer, daß sich gerade bei ihr der Kreis schließt: *sie* rührt schon wieder an das Extrem einer Milde, die so groß, so rein und so vollkommen *klar* ist (aller Trost ist trübe!), wie wir nie, auch nicht im süßesten Frühlingstag, Mildigkeit geahnt haben. Aber zur Erfahrung dieser tiefsten Milde, die, empfänden sie nur einige von uns mit Überzeugung, vielleicht alle Verhältnisse des Lebens nach und nach durchdringen und transparent machen könnte: zur Erfahrung *dieser* reichsten und heilsten Milde hat die Menschheit niemals auch nur die ersten Schritte getan, – es sei denn in ihren ältesten, arglosesten Zeiten, deren Geheimnis uns fast verloren gegangen ist. Nichts, ich bin mir sicher, war je der Inhalt der »Einweihungen«, als eben die Mitteilung eines »Schlüssels«, der erlaubte, das Wort »Tod« *ohne* Negation zu lesen; wie der Mond, so hat gewiß das Leben eine uns dauernd abgewendete Seite, die *nicht* sein Gegen-Teil ist, sondern seine Ergänzung zur Vollkommenheit, zur Vollzähligkeit, zu der wirklichen heilen und vollen Sphäre und Kugel des *Seins*.

Man sollte nicht fürchten, daß unsere Kraft nicht hinreichte, irgend eine, und sei es die nächste und sei es die schrecklichste, Todeserfahrung zu ertragen; der Tod ist nicht *über* unsere Kraft, er ist der Maßstrich am Rande des Gefäßes: wir sind *voll*, sooft wir ihn erreichen –, und Voll-sein heißt (für uns) Schwer-sein … das ist Alles. – Ich will nicht sagen, daß man den Tod *lieben* soll; aber man soll das Leben so großmütig, so ohne Rechnen und Auswählen lieben, daß man unwillkürlich, ihn (des Lebens abgekehrte Hälfte), immerfort mit ein-bezieht, ihn mitliebt, – was ja auch tatsächlich in den großen Bewegungen der Liebe, die unaufhaltsam sind und unabgrenzbar, jedesmal geschieht! Nur weil wir den Tod ausschließen in einer plötzlichen Besinnung, ist er mehr und mehr zum Fremden geworden und, da wir ihn im Fremden hielten, ein Feindliches.

Es wäre denkbar, daß er uns unendlich viel näher steht, als das Leben selbst … Was wissen wir davon?! Unser effort [Bemühung] (dies ist mir immer deutlicher geworden mit den Jahren, und meine Arbeit hat vielleicht nur noch den *einen* Sinn und Auftrag, von dieser Einsicht, die mich so oft unerwartet überwältigt, immer unparteiischer und unabhängiger … seherischer vielleicht, wenn das nicht zu stolz klingt … Zeugnis abzulegen), … unser effort, mein ich, kann *nur* dahin gehen, die *Einheit* von Leben und Tod vorauszusetzen, damit sie sich uns nach und nach erweise. Voreingenommen, wie wir es *gegen* den Tod sind, kommen wir nicht dazu, ihn aus seinen Entstellungen zu lösen … glauben Sie nur, liebe Gnädigste Gräfin, daß er ein *Freund* ist, unser tiefster, vielleicht der einzige durch unser Verhalten und Schwanken niemals, niemals beirrtere Freund … und *das*, versteht sich, *nicht* in jenem sentimentalisch-romantischen Sinn der Lebensabsage, des Lebens-Gegenteils, sondern unser Freund, gerade *dann*, wenn wir dem Hier-Sein, dem Wirken, der Natur, der Liebe … am leidenschaftlichsten, am erschüttertsten zustimmen. Das Leben sagt immer zugleich: Ja und Nein. Er, der Tod (ich beschwöre Sie, es zu glauben!), ist der eigentliche Ja-Sager. Er sagt *nur*: Ja. Vor der Ewigkeit.

Denken Sie an den »Schlafenden Baum«. Ja, wie gut, daß es mir einfällt. Denken Sie an alle die kleinen Bilder und die Zuschriften dazu, – *wie* haben Sie da, im jugendlichen arglosen Vertrauen, immerfort *beides* in der Welt erkannt und bejaht: das Schlafende und das Wache, das Lichte und das Dunkle, die Stimme und das Schweigen …, la présence et l'absence [das Vorhandensein und das Fehlen]. Alle die scheinbaren Gegenteile, die irgendwo, in einem Punkte zusammenkommen, die an einer Stelle die Hymne ihrer Hochzeit singen –, und diese Stelle ist – vor der Hand – unser Herz!

Immer Ihr dauernd ergebener

Rilke

18. An Gräfin Margot Sizzo-Noris

Château de Muzot sur Sierre, Valais,
am 12. April 1923

Meine verehrte Gnädigste Gräfin,

es ist Zeit, daß ich den beiden kleinen Sendungen der vorigen Woche nun auch ein Wörtliches und Mitteilendes nachsende; dieses vor Allem: den wörtlichen Dank für Güte und Freundschaft Ihres Briefes vom 10. März. Glauben Sie, ich habe ihn wieder und wieder gelesen, um Ihnen nahe zu sein und ganz den jetzigen Zustand Ihres Schmerzes zu verstehen und aufzufassen. Wie tief muß er sein, da Sie bis zu jenen Stellen seiner Windstille eindringen konnten (wenige Menschen, schon aus Mißtrauen gegen den Schmerz, gelangen dorthin) –, und wie wahrhaft ist er, da Sie ihn bis ins Körperlichste verfolgen und ihn in seinen beiden Extremem erfahren können: ganz im Seelischen, dort wo er uns so unendlich übertrifft, daß wir ihn nur noch als Stille, als Pause, als Intervall unserer Natur empfinden, und auch wieder, plötzlich, an seinem anderen Ende, wo er wie ein leibliches Wehtun ist, ein unbeholfener heilloser Kinder-Schmerz, der stöhnen macht. Aber ist es nicht wunderbar (und ist es nicht irgendwie ein Werk der Mütterlichkeit), so in den Kontrasten des eigenen Wesens herumgeführt zu sein? Und Sie empfindens ja auch oft wie eine Einweihung, eine Einführung ins *Ganze* und so, als könne einem nichts Böses, nichts in bösem Sinne Tödliches mehr widerfahren, wenn dieses elementarische Leid einmal rein und wahrhaftig durchgemacht ist. – Ich habe mir oft gesagt, daß dieses der Drang oder (wenn so zu sagen erlaubt ist) die heilige List der Märtyrer war, daß sie verlangten, den Schmerz, den fürchterlichsten Schmerz, das Übermaß alles Schmerzes, hinter sich zu legen, – das, was sich sonst, unvorsehlich, in kleinen oder größeren Dosen körperlichen und seelischen Leidens über ein Leben verteilt und mit seinen Momenten vermischt –, diese ganze Leidensmöglichkeit *auf einmal* heraufzurufen, zu beschwören, damit dahinter, nach solcher Überstehung, nur noch die Seligkeit sei, die ununterbrochene Seligkeit im Anschauen Gottes –, die nichts mehr stören kann, am Ausgang der Überwindungen … So ist auch der Verlust, dessen Schatten über Ihnen liegt, eine Aufgabe der Überstehens, ja ein *Aufarbeiten* alles Leidens, das über uns kommen kann – (denn mit der Mutter, die uns verläßt, fällt aller Schutz); eine ungeheure Abhärtung ist auszuhalten –, aber dafür geht (und auch *das* fingen Sie schon an zu fühlen) … dafür geht nun die Macht des Schützen in Sie über, und alle Mildigkeit, die Sie bisher noch *empfangen* durften, wird mehr und mehr in Ihrem Innern aufblühen und es wird nun *Ihre* neue Fähigkeit sein, sie als ein Eigenes (unsäglich, um den tiefsten Preis Ererbtes und Erworbenes), von sich aus, auszuteilen.

Mehr als einmal schon habe ich Ihnen angedeutet, wie ich mehr und mehr in meinem Leben und in meiner Arbeit nur noch von dem Bestreben geführt bin, überall unsere alten Verdrängungen zu korrigieren, die uns die Geheimnisse entrückt und nach und nach entfremdet haben, aus denen wir unendlich aus dem Vollen leben könnten. Die Furchtbarkeit hat die Menschen erschreckt und entsetzt: aber wo ist ein Süßes und Herrliches, das nicht zu Zeiten *diese* Maske trüge, die des Furchtbaren? Das Leben selbst – und wir kennen nichts außer ihm – ist es nicht furchtbar? Aber sowie wir seine Furchtbarkeit zugeben (nicht als Widersacher, denn *wie* vermöchten wir ihr gewachsen zu sein?), sondern irgendwie in einem Vertrauen, daß eben diese Furchtbarkeit ein ganz *Unsriges* sei, nur ein, vor der Hand, für unsere lernenden Herzen noch zu Großes, zu Weites, zu Unumfaßliches ..., sowie wir, meine ich, seine schrecklichste Furchtbarkeit bejahen, auf die Gefahr hin, an ihr (d. h. an unserem Zuviel!) zu Grunde zu gehen –, erschließt sich uns eine Ahnung des Seligsten, das um diesen Preis unser ist. Wer nicht der Fürchterlichkeit des Lebens irgendwann, mit einem endgültigen Entschlusse, zustimmt, ja ihr zujubelt, der nimmt die unsäglichen Vollmächte unseres Daseins nie in Besitz, der geht am Rande hin, der wird, wenn einmal die Entscheidung fällt, weder ein Lebendiger noch ein Toter gewesen sein. Die *Identität* von Furchtbarkeit und Seligkeit zu erweisen, dieser zwei Gesichter an demselben göttlichen Haupte, ja dieses einen *einzigen* Gesichts, das sich nur so oder so darstellt, je nach der Entfernung aus der, oder der Verfassung, in der wir es wahrnehmen ...: dies ist der wesentliche Sinn und Begriff meiner beiden Bücher, von denen nun das eine, die Sonette an Orpheus, schon in Ihren gütigen Händen ist.

Ich hatte Freunde hier zu Besuch um Ostern und habe (zum dritten Mal nun) diese Gedichte vorgelesen; dabei erfuhr ich, jedes Mal, wie sehr man der Aufnehmung zu Hülfe kommen kann, durch kleine, nebenbei ausgesprochene Erklärungen. Aber dafür ist das persönliche Vorlesen notwendig … Während des Lesens, neulich abend, gedachte ich Ihrer, liebe Gnädigste Gräfin, und wünschte mir so sehr, einmal dieses Buch, Blatt für Blatt, mit Ihnen durchzusehen, um Ihnen jedes einzelne Gedicht in seiner ganzen Stärke hinzustellen. Ich weiß jetzt, es ist keines da, das nicht klar und ergiebig wäre, wenn auch manche dem unsäglichen Geheimnis so nahegestellt sind, daß sie nicht zu erklären bleiben, sondern eben nur … auszuhalten. Aber ich erfuhr, wieviel meine Stimme, unwillkürlich, zur Deutung beiträgt, schon deshalb, weil das ganze Mysterium der Entstehung dieser Verse noch in ihr zittert und sich, in unbeschreiblichen Schwingungen, auf den Anhörer überträgt. –

Auch davon, wenn ich nicht irre, erzählte ich Ihnen schon: daß diese merkwürdigen Sonette an Orpheus keine beabsichtigte oder erwartete Arbeit waren; sie stellten sich, oft *viele* an einem Tag (der erste Teil des Buches ist in etwa drei Tagen entstanden), völlig unerwartet ein, im Februar vorigen Jahres, da ich vielmehr dabei war, mich für die Fortsetzung jener anderen Gedichte – der großen

Duineser Elegien – zu sammeln. Ich konnte nichts tun, als das Diktat dieses inneren Andrangs rein und gehorsam hinzunehmen; auch begriff ich erst nach und nach den Bezug dieser Strophen zu der Gestalt jener achtzehn- oder neunzehnjährig verstorbenen Wera Knoop, die ich wenig gekannt und nur ein paar Mal im Leben, da sie noch ein Kind war, gesehen habe, freilich mit eigentümlicher Aufmerksamkeit und Ergriffenheit. Ohne daß ich es so anordnete (bis auf wenige Gedichte am Eingang des zweiten Teils, behielten alle Sonette die chronologische Folge ihrer Entstehung), ergab es sich, daß nur jeweils die *vor*letzten Gedichte der beiden Teile auf Wera ausdrücklich Bezug nehmen, sie anreden, oder ihre Gestalt hervorrufen.

Dieses schöne Kind, das erst zu tanzen anfing und, bei allen, die sie damals sahen, Aufsehen erregte, durch die ihrem Körper und Gemüt eingeborene Kunst der Bewegung und Wandlung, – erklärte ihrer Mutter unvermutet, daß sie nicht länger tanzen könne oder wolle …; (das war eben am Ausgang des Kindseins) ihr Körper veränderte sich seltsam, wurde, ohne seine schöne östliche Gestaltung zu verlieren, seltsam schwer und massiv … (was schon der Anfang der geheimnisvollen Drüsen-Erkrankung war, die dann so rasch den Tod herbeiführen sollte) … In der Zeit, die ihr noch blieb, trieb Wera Musik, schließlich zeichnete sie nur noch –, als ob sich der versagte Tanz immer leiser, immer diskreter noch aus ihr ausgäbe … Ich kannte ihren Vater, Gerhard Ouckama Knoop, der den größten

Teil seines Lebens, als Ingenieur, an den großen Knoopschen Spinnereien in Moskau zugebracht hatte. Ein Herzleiden, dessen merkwürdige Beschaffenheit den Ärzten ein Rätsel war, zwang ihn später, sich aus dieser Tätigkeit zurückzuziehen, er kam mit seiner Frau und seinen beiden Töchtern (deren Wera die jüngere war) nach Deutschland und hatte noch Zeit, ein paar Bücher zu verfassen, die nicht unbekannt geblieben sind, aber die große Eigentümlichkeit des Erlebens, das diesen bescheidenen Mann beschäftigte und ausfüllte, vielleicht nicht genügend erkennen lassen. Seine letzten Jahre müssen voll großartiger Einsichten und Hellheiten gewesen sein –, und sein Sterben, begünstigt vielleicht durch die besonderen Zustände seines Herzens, war eine restlose Lösung des Hiesigen in einer unbeschreiblichen Klärung seines Geistes ..., er starb *wissend*, gewissermaßen überflutet von Einsichten ins Ewige, und sein letzter Atem wurde ihm zugeweht von den, durch ihn erregten Flügeln der Engel ... Ich kannte auch ihn nicht viel, denn in Paris wohnend, wo er mich nur einmal besuchte, fehlte mir die Möglichkeit näheren Umgangs mit ihm ...; aber es bestand zwischen uns, von Anfang an, jener Instinkt des Vertrauens, jene gar nicht weiter zu beweisende Freude aneinander, – die vielleicht aus der gleichen Quelle stammte wie die unerhörte Eingebung, die mich nun so unbegreiflich begabt hat, der jungen Wera dieses Grab-Mal aufzurichten! –

Es würde zu weit führen, wollte ich nun versuchen, einzelne der Sonette zu kommentieren, auch möchte ich so gerne diesen Grund für eine künftige Begegnung bestehen lassen. Immerhin, damit Sie das Buch richtig läsen, meinte ich diese vorangehenden Hinweise Ihnen schreiben zu dürfen, – so manches wird sich nun aus ihnen ergeben und als leichte Begleitung bei Ihren Lesestunden mitwirken.

Vielleicht ists noch gut zu wissen, daß das XVI. Sonett (des ersten Teils), Seite 22, an einen Hund gerichtet ist: ich wollte das absichtlich nicht ausdrücklich anmerken, weil das fast wieder wie eine Ausschließung (oder doch Absonderung) des Geschöpfes gewirkt haben würde, das ich ja gerade ganz in unser Geschehen hereinnehmen wollte. (Errät mans wohl, erriete mans, daß da ein Hund angeredet ist?)

Ich schließe, verehrte Gräfin. Die Anemonen! Was Sie wohl zu denen gesagt haben (falls sie noch ungefähr kenntlich angekommen sind). Im vorigen Jahr sagte man mir, diese dunkelviolette bepelzte Art der Pulsatille wäre *nur* im Wallis zu Hause; unerfahren, wie ich leider in Botanik bin, glaubte ich das gerne, heuer aber kam jemand durch, der nannte die kleine Blume, in schmählicher Vertraulichkeit »Kuh-« oder sogar »Küchen-Schelle« und versicherte mir, que c'était tout ce qu'il y a de plus commun [daß es das Allergewöhnlichste sei] ... Nun, das täte ja ihrer Schönheit weiter keinen Eintrag, wunderte mich aber, denn, wie sie hier so, im Gestein, als erstes aufkommt, in der Vorsicht ihres silbernen, noch für alle Unbillen eingerichteten Pelzes, nimmt sie sich wirklich selten und edel aus. – Kannten Sie sie? Gibt es die gleiche in Ungarn? –

Ich hatte Musik hier zu Ostern, muß ich noch erzählen, herrliche Musik –, ein Ereignis für mich, der ich so selten dazukomme, Musik aufzunehmen (und vielleicht mir auch gar nicht wünschte, oder es nicht wagte, ihr öfter offen zu sein). Mit meinen Schweizer Freunden war eine noch ganz junge Geigerin zu mir gekommen, von der man mir versichert, daß sie schon jetzt unter den besten und außerordentlichsten Künstlern ihres Instrumentes gälte.

Sie spielte mir Bach während dreier Tage, fast nur Bach –, und *wie, wie!* Mit welcher Erwachsenheit und Sicherheit der Geige, mit welcher Entschlossenheit. (*So* müßten Schicksale, so müßten Leben sein; aber nur im Schicksalslosen gibt es diese straffe Stärke, die das Sanfte in sich faßt und schützt, – und diese Genauigkeit.) Die junge Künstlerin, Alma Moodie (Schottin vom Vater her, Irländerin von Mutterseite, in Australien geboren, gegenwärtig in Berlin mit Flesch arbeitend), geht, soviel ich weiß, nächstens auf eine Tournée nach Rumänien ... Wenn sie durch Ungarn kommt und in Pest spielt und es trifft sich so, *bitte*, hören Sie sie ...

Ich gab ihr (nach Rumänien) das entzückende Buch der P^{sse} Marthe Bibesco mit, Isvor, le pays des Saules, zwei Bände ... Ein Buch voll tiefer Erfahrungen des aus ältesten Überlieferungen herstammenden Lebens und Fühlens des dortigen Volkes, – Seiten von reinster Empfindung und Poesie: soll ich es Ihnen senden? (Denn ich glaube, es ist schwer, im Auslande französische Bücher zu erhalten.)

In dauernder Ergebenheit Ihnen dankbar zugewendet

Ihr
Rilke

19. An Claire Goll

z. Zt.: Bern, Hôtel Bellevue
am 22. Oktober 1923

Liliane,

eh ich Dir dieses schreibe, zerriß ich einen vorgestern abend an Dich geschriebenen Brief; denn ich mag Dir nicht »Allgemeines« sagen, im Augenblick, da Du meinen Zuspruch verlangst, und doch, sag selbst, *wie* das Besondere finden, das genau für Dich Gültige, da ich doch nur so schlagwörtlich von der Art der Heimsuchung unterrichtet bin, die Dich prüft und auf harte Probe stellt.

Siehst Du, ich meine, daß Du nun, da Dir zum ersten Mal zugemuthet wird, im Tode des unendlich Nächsten den Tod zu erleiden, den ganzen Tod, (irgendwie mehr als nur den Deinigen, möglichen –), daß jetzt der Augenblick ist, da Du am Fähigsten bist, das reine Geheimnis wahr-zu-nehmen, das, glaub es mir, nicht des Todes, sondern des Lebens ist.

Jetzt heißt es, in einer unerhörten und unerschöpfbaren Großmuth des Schmerzes, den Tod, den ganzen Tod, da er durch ein Dir Theueres Dir greifbar geworden ist (und Du dadurch verwandt mit ihm), zum Leben hinzuzunehmen, als ein nicht mehr Abzulehnendes, nicht länger Verleugnetes. Reiß es an Dich, dieses Entsetzliche, *spiele*, solang Du's nicht leisten kannst, eine Vertraulichkeit zu ihm, schreck es nicht ab, indem Du vor ihm (wie alle anderen) erschrickst. Geh mit ihm um, oder, wenn das noch zuviel verlangt ist von Deiner Überwindung, halt wenigstens still, so daß es ganz nahe kommen kann, das immer verjagte Wesen des Todes, und sich Dir anschmiege. Denn dies ist, siehst Du, der Tod geworden bei uns, dies immer Verscheuchte, das sich nie mehr zu erkennen geben konnte. Wenn der Tod, im Augenblick da er uns kränkt und erschüttert, einen, den Geringsten von uns, vertraulich fände (und nicht voll Grauen), in was für Geständnissen ginge er – endlich – zu ihm über! Ein kleiner Moment nur des gut Gewilltseins zu ihm, eine kurze Unterdrückung des Vor-Urtheils, und schon hat er unendliche Anvertrauungen bereit, die unsere Ahnung überwältigten, ihn, in zitternder Abwartung, zu ertragen. Geduld, Liliane, nichts als das; Geduld.

Eingeführt in's Ganze, eingeweiht, begehst Du das ernste Fest Deiner Selbständigwerdung. Genau um den Schutz, den Du nun verlorst und entbehrst, wirst Du selbst schutzgebender, schützender. Die Vereinsamung, die Dich überfiel, macht Dich fähig, ebensoviel Einsamkeit anderer ins Gleichgewicht zu heben. Und was Dein eigenes Schwersein angeht, bald wirst Du merken, es hat Deinem Dasein ein neues Maaß gesetzt, ein neue Maaßeinheit des Leistens und des Ertragens.

Ich rathe, Liliane; ich will mehr nicht versuchen, als Dir nahe zu sein in diesen einfachen Worten. Später einmal wirst Du mir sagen, ob sie Dir haben rathen können, denn an Beistand und Trost reicht ja keiner heran, es sei denn durch Gnade.

Rainer

(P. S. Ich bin, nach längerem Verreistsein, einer Kurzeit und anderem Wechsel, auf dem Rückweg nach Muzot.)

20. An Johanna Magdalena Schwammberger

Château de Muzot s/ *Sierre*
(Valais)
am 23. Dezember 1923

Mein liebes Fräulein,

muß ichs sagen, muß ichs versichern? Ich habe Ihren anderen Brief mit der gleichen Aufmerksamkeit und Freude gelesen, wie jenen früheren, ersten. Wenn ich nicht schrieb, so lag das an den vielen Nachholungen, die ich (spät im Jahre nach Muzot zurückgekehrt) zu leisten habe, auch, um Alles zu nennen, an einigem Unwohlsein.

Ich danke Ihnen für die Ergänzungen Ihres Vertrauens, für seine neuen Beiträge ... und nicht zuletzt dafür, daß Sie mich fühlen ließen, daß, was ich Ihnen neulich zu sagen versuchte, Sie empfänglich fand. Ach, diese Tröstungen sind gering, ich weiß, denn sie brauchen sich auf, und das Herzleid erneut sich unerschöpflich aus sich selbst.

Aber, Ihr neuer Brief beweist es mir, Ihr Blick hebt sich ja, darüber hinaus, zu vielem Bedeutenden und Gültigen –, und so besteht für Sie nicht die Gefahr einer Einschränkung in die verarmende tägliche Bitternis. Es giebt für so ständig ins Leid Eingelassene nur die *eine* Befreiung: das Leiden selbst in den eigenen Blick hineinzuheben, es zu einem Gehülfen des Schauens zu machen.

Ich vermuthe, daß Sie sich selber seit einiger Zeit diese Auskunft geschaffen haben und schon manchmal erfahren konnten, daß Sie reicher und tiefer das Geschehende oder Gezeigte wahrnehmen, eben auf Grund Ihres (mit Ihnen eigenen) Leidwesens.

Zu meiner Freude bin ich nun in der Lage (wo mein Brief allzu kurz bleiben muß) anders und gültiger zu Ihnen zu sprechen: durch das mitfolgende Buch, mit dem einige Blätter Ihrer schönen Rosen zu Ihnen zurückkehren.

Nehmen Sie meine Grüße, gute und weihnachtliche!

R. M. Rilke

Gewiß: wenn ich einmal nach Bern komme, sollte uns eine Begegnung dort oder in Burgdorf bereitet sein: ich freue mich darauf.

21. An Rudolf F. Burckhardt

Muzot s / *Sierre* (Valais)
am 14. April 1924

Mein lieber Rudolf F. Burckhardt,

wenn ich mich, in innerster Zusammenfassung, zu Ihnen beziehe, so kann ich merken, daß nichts vergessen ist von allem Guten, das Sie mir seit unserer ersten Begegnung – der feierlichen, in der die »drei blassen Brüder« vorkamen – bereiten mochten. Ich gedenke weiter jener Stunden in Venedig und unseres Briefaustausches zum Liebesgarten-Teppich: und ich finde in alledem mehr, als nur die Umstände nachweislicher Erinnerung. Uns allen, die wir an überlebenden bewunderten Dingen Geduld und Gefühl gelernt haben, geht es wohl *so*, daß die Fügungen mit mehr als nur Thatsächlichem oder Sichtbarem zu uns übergehen. Wie sollten wir nicht, wenn es darauf ankommt, in solchen Erfahrungen eine Hulfe finden und die verschwiegene Vermuthung, daß wir, denen das widerfährt, in einem größeren Ganzen aufgehoben sind, aus dem wir nicht können genommen werden. Ja: je mehr einer hier erkannt hat, desto mehr Abschiede wird er, das Leben entlang, haben leisten müssen; aber mir ist oft zu Muth, als ob diese Abschiede alle in einer offenen Welt wieder Bejahungen wären und dort anders hießen.

Ihr
Rainer Maria Rilke

22. An Catherine Pozzi

Château de Muzot
Sierre (Valais) Suisse,
21. August 1924

Meine geschätzte Freundin,

Tatsächlich waren Sie also in Gefahr –; ich könnte mir vorstellen, daß dies mich in Bern anhalten ließ, um Ihnen zu schreiben. Die ganze Zeit, da ich an diesem Brief schrieb, verspürte ich nicht die geringste Lust, Ihnen auch nur irgend etwas mitzuteilen, aber da war ein plötzlicher Drang, zu Ihnen zu eilen und nahe bei Ihnen zu sein: es war wie eine unterdrückte Reise. Aber was für ein dummer Unfall, der Sie in die schlimmsten Gefahren geworfen hat. Es ist die Reihe an bösen Zufällen (Mückenstich, Vergiftung durch eine Grünspan-Kasserole, usw.) die diese Ordnung, die ich ergründen möchte, so stört. Es scheint mir wie die Merkwürdigkeit einer bösen Infektion, die, um den Pförtnern zu gefallen, irgendwen irgendwann befällt, um herauszufinden, was als nächstes geschieht! Und dieser Chirurg: fühlen Sie sich stark genug, trotz Ihrer Schwäche, ihn nicht zu hassen? Ohne Scham kann ich von mir sagen: ich hasse ihn!

Ich habe Henri de Régnier sehr beneidet, da er sie besuchen konnte, nicht, da ich mich irgend eines »Trostes«

fähig gefühlt hätte, der seinem angemessen wäre, sondern weil ich so ungemein wünsche, mit Ihnen persönlich zu sprechen. Ich bin ein bißchen erkältet mit meiner Feder und so müde, sie außerhalb der Arbeit zu gebrauchen. Es scheint mir, daß dieser doppelte Gebrauch, so abträglich er schon dem Wort ist, sie mitunter ganz unsicher macht; da das, was man sofort ausspricht, um verstanden zu werden, so verschieden ist vom dauerndem Ausdruck der Kunst, der ganz bewußt erfaßt und akzeptiert werden muß, um sich viel später verständlich zu machen. Und die Feder schwankt und zögert zwischen diesen beiden Aufgaben.

Die Widersprüche, die sich in meinen Arbeiten finden, haben sie ihre Wurzeln in jener Vergangenheit, die ich selbst durch meine hellsichtigsten Anstrengungen nicht korrigieren konnte? Wahrscheinlich ist es so, denn auch im Leben fühle ich mich oft zugleich in manchen Dingen fortgeschritten, während ich in anderen weniger geschult bin als die einfachsten Menschen. Im Leben sind diese Kontraste schwer auszugleichen und können in jedem Moment verhängnisvoll werden. In der Kunst, falls man die Zeit hat, durchzuhalten und ein in sich geschlossenes Werk ohne Unterbrechungen zu schaffen, sind Gegensätze, selbst solche der Ideen, notwendig und können schließlich so etwas wie eine andere Art Rhythmus ergeben. Ich glaube jedoch, daß diese mehr oder weniger vorläufigen Widersprüche, die Sie in meinen Versen bemerkt haben, nicht eben *dort* sind, wo Sie sie jetzt aufzeigen. Ich glaube zum

Beispiel, daß wir uns ohne große Schwierigkeit über die zwei Gedichte (XIIte und XIIIte Sonett) einigen könnten, die dieses bedingungslose Zustimmen zu den Wechseln und zu den Veränderungen unserer Zustände vorschlagen. Die tiefgründigsten Erfahrungen meines Lebens treffen alle insofern zusammen, daß sie mich den Tod als einen anderen Teil der großen Bahn anerkennen lassen, deren schwindelerregender Kurve wir folgen, ohne uns auch nur für einen Moment halten zu können. Ich fühle mich immer mehr versucht, aus meiner provisorischen Position jenem Allen zuzustimmen, wo das Leben und der Tod sich durchdringen und unablässig vermengen. Der *Engel des Jasagens* wendet ein strahlendes Antlitz zum Tod. Obgleich das Leben ebenso viel anderes braucht, ist es vor allem *er*, der Tod, auf dem so viel böser Verdacht liegt, den ich rehabilitieren möchte, indem ich ihn an diesen zentralen Ort zeige, den er zwar nie verlassen hat, aber von dem man die Augen abgewendet hat. Ich halte es für meinen Auftrag zu zeigen, daß er einer der Reichtümer dieses unermeßlichen Allen ist, an dem das Leben vielleicht den geringsten Anteil hat, obgleich es selbst schon so reich ist, daß es alle unsere Mittel und Maße übertrifft. Ein solch gänzliches Zustimmen zu allen Veränderungen muß sich auf absolut konstante und andauernde Ereignisse berufen können. Und tatsächlich kann ich auch von mir bestätigen, daß ich mich »dermaßen gleich in Geist und Körper« fühle und daß, wenn ich den notwendingen Veränderungen und all den Abschieden, die der größere

Rhythmus uns auferlegt, unendlich zustimme, dann deshalb, weil mir der Nebel all dieser Wechsel, dank unserer dieses alles durchdringenden und nie erlöschenden Flamme, durchsichtig wird. Doch ich halte hier ein. Dies sind alles nichts als Vermutungen und ich tue nicht so, als erkläre ich meine Gedichte. Ich glaube stattdessen lieber, daß sie für mich denken und mir schließlich Klarheit verschaffen werden!

Ich bereite mich gerade darauf vor, zurückzukehren: noch mal nach Grisons, Ragaz und ihre Umgebung –; falls es keine unvorhergesehenen Änderungen meiner Projekte gibt. Danach wird es (vielleicht): Paris! Ich gestehe Ihnen das im geheimen, weil ein solch schönes Projekt unter Verschluß bleiben muß, um zum Zeitpunkt der Realisierung ganz neu zu sein. Es ist eine unbeschreibliche Freude für mich, zu denken, daß ich Sie eines Tages besuchen könne, als sei dies ganz natürlich und keinesfalls ein Kapitel eines Wunders ... Und vielleicht würde ich dort eines Tages Madame Gérard d'Houville wiedertreffen. Ich weiß schon seit langem, wie wundervoll sie ist ... (Ein Mal vor vielen Jahren sah ich sie von meinem Fenster aus – vom Palazzo Valmarana in Venedig – wie sie über den kleinen campo de San Vio ging, am Arm von M. de Régnier.) Es scheint mir, daß Sie mir die Fortsetzung so vieler Linien versprechen, die glückliche Umstände früher begonnen hatten ... Vielen Dank!

RILKE

P. S. Bevor ich zurückkehre, schicke ich Ihnen mein Exemplar der *Elegien* (dieses Buches welches schließlich unendlich *zustimmt*), um es später gegen ihr definitives Exemplar der gängigen Edition einzutauschen.

23. An Witold Hulewicz

[Briefstempel: Sierre, 13. XI. 25]

…

Und bin *ich* es, der den Elegien die richtige Erklärung geben darf? Sie reichen unendlich über mich hinaus. Ich halte sie für eine weitere Ausgestaltung jener wesentlichen Voraussetzungen, die schon im »Stundenbuch« gegeben waren, die sich, in den beiden Teilen der »Neuen Gedichte«, des Welt-Bilds spielend und versuchend bedienen und die dann im Malte, konflikthaft zusammengezogen, ins Leben zurückschlagen und dort beinah zum Beweis führen, daß dieses so ins Bodenlose gehängte Leben unmöglich sei. In den »Elegien« wird, aus den gleichen Gegebenheiten heraus, das Leben wieder möglich, ja es erfährt hier diejenige endgültige *Bejahung*, zu der es der junge Malte, obwohl auf dem richtigen schweren Wege »des longues études«, noch nicht führen konnte. *Lebens- und Todesbejahung erweist sich als Eines in den »Elegien«.* Das eine zuzugeben ohne das andere, sei, so wird hier erfahren und gefeiert, eine schließlich alles Unendliche ausschließende Einschränkung. Der Tod ist die uns abgekehrte, von uns unbeschienene *Seite des Lebens*: wir müssen versuchen, das größeste Bewußtsein unseres Daseins zu leisten, das in *beiden unabgegrenzten Bereichen* zu Hause ist, *aus beiden unerschöpflich genährt* … Die wahre Lebensgestalt reicht durch *beide* Gebiete, das Blut des größesten Kreislaufs treibt durch beide: *es gibt weder ein Diesseits noch Jenseits, sondern die große Einheit,* in der die uns übertreffenden Wesen, die »Engel«, zu Hause sind. Und nun die Lage des Liebes-Problems in dieser so, um ihre größere Hälfte erweiterten, in dieser nun erst *ganzen*, nun erst *heilen Welt.* Es nimmt mich wunder, daß Ihnen die »Sonette an Orpheus«, die mindestens ebenso *»schwer«* sind, von der gleichen Essenz erfüllt, nicht hilfreicher sind zum Verständnis der »Elegien«. Diese sind 1912 (auf Duino) begonnen, in Spanien und Paris – fragmentarisch – fortgeführt bis 1914; der Krieg unterbrach diese meine größeste Arbeit vollständig; als ich 1922 (hier) diese wieder aufzunehmen wagte, kamen den neuen Elegien und ihrem Abschluß die, in wenigen Tagen, stürmisch sich auferlegenden »Sonette an Orpheus« (die *nicht* in meinem Plane waren) zuvor. Sie sind, wie das anders nicht sein kann, aus derselben »Geburt« wie die »Elegien«, und daß sie plötzlich, ohne meinen Willen, im Anschluß an ein früherstorbenes Mädchen, aufkamen, rückt sie noch mehr an die Quelle ihres Ursprungs; dieser Anschluß ist ein Bezug mehr nach der Mitte *jenes* Reiches hin, dessen Tiefe und Einfluß wir, überall unabgegrenzt, mit den Toten und den Künftigen teilen. Wir, diese Hiesigen und Heutigen, sind nicht einen Augenblick in der Zeitwelt befriedigt, noch in sie gebunden; wir gehen immerfort über und über zu den Früheren, zu unserer Herkunft und zu denen, die scheinbar nach uns kommen. In jener größesten *»offenen«*

Welt *sind* alle, man kann nicht sagen »gleichzeitig«, denn eben der Fortfall der Zeit bedingt, daß sie alle *sind.* Die Vergänglichkeit stürzt überall in ein tiefes Sein. Und so sind alle Gestaltungen des Hiesigen nicht nur zeitbegrenzt zu gebrauchen, sondern, soweit wirs vermögen, in jene überlegenen Bedeutungen einzustellen, an denen wir Teil haben. Aber *nicht im christlichen Sinne* (von dem ich mich immer leidenschaftlicher entferne), sondern, in einem rein irdischen, tief irdischen, selig irdischen Bewußtsein gilt es, das *hier* Geschaute und Berührte in den weiteren, den weitesten Umkreis einzuführen. Nicht in ein Jenseits, dessen Schatten die Erde verfinstert, sondern in ein Ganzes, in *das Ganze.* Die Natur, die Dinge unseres Umgangs und Gebrauchs, sind Vorläufigkeiten und Hinfälligkeiten; aber sie sind, solang wir hier sind, *unser* Besitz und unsere Freundschaft, Mitwisser unserer Not und Froheit, wie sie schon die Vertrauten unserer Vorfahren gewesen sind. So gilt es, alles Hiesige nicht nur nicht schlecht zu machen und herabzusetzen, sondern gerade, um seiner Vorläufigkeit willen, die es mit uns teilt, sollen diese Erscheinungen und Dinge von uns in einem innigsten Verstande begriffen und verwandelt werden. Verwandelt? Ja, denn unsere Aufgabe ist es, diese vorläufige, hinfällige Erde uns so tief, so leidend und leidenschaftlich einzuprägen, daß ihr Wesen in uns »unsichtbar« wieder aufersteht. *Wir sind die Bienen des Unsichtbaren. Nous butinons éperdument le miel du visible, pour l'accumuler dans la grande ruche d'or de l'Invisible.* [Wir tragen leidenschaftlich den Honig des

Sichtbaren ein, um ihn im großen goldenen Bienenstock des Unsichtbaren anzuhäufen.]

Die »Elegien« zeigen uns an diesem Werke, am Werke dieser fortwährenden Umsetzungen des geliebten Sichtbaren und Greifbaren in die unsichtbare Schwingung und Erregtheit unserer Natur, die neue Schwingungszahlen einführt in die Schwingungs-Sphären des Universums. (Da die verschiedenen Stoffe im Weltall nur verschiedene Schwingungsexponenten sind, so bereiten wir, in dieser Weise, nicht nur Intensitäten geistiger Art vor, sondern wer weiß, neue Körper, Metalle, Sternnebel und Gestirne.) Und diese Tätigkeit wird eigentümlich gestützt und gedrängt durch das immer raschere Hinschwinden von so vielem Sichtbaren, das nicht mehr ersetzt werden wird. Noch für unsere Großeltern war ein »Haus«, ein »Brunnen«, ein ihnen vertrauter Turm, ja ihr eigenes Kleid, ihr Mantel: unendlich mehr, unendlich vertrauter; fast jedes Ding ein Gefäß, in dem sie Menschliches vorfanden und Menschliches hinzusparten. Nun drängen, von Amerika her, leere gleichgültige Dinge herüber, Schein-Dinge, *Lebens-Attrappen* ... Ein Haus, im amerikanischen Verstande, ein amerikanischer Apfel oder eine dortige Rebe, hat *nichts* gemeinsam mit dem Haus, der Frucht, der Traube, in die Hoffnung und Nachdenklichkeit unserer Vorväter eingegangen war ... Die belebten, die erlebten die *uns mitwissenden Dinge* gehen zur Neige und können nicht mehr ersetzt werden. Wir *sind vielleicht die Letzten, die noch solche Dinge gekannt haben*. Auf uns ruht die Verantwortung, nicht allein *ihr* Andenken zu erhalten (das wäre wenig und unzuverlässig), sondern ihren humanen und larischen Wert. (»Larisch«, im Sinne der Haus-Gottheiten.) Die Erde hat keine andere Ausflucht, als unsichtbar zu werden: *in* uns allein, die wir mit einem Teil unseres Wesens am Unsichtbaren beteiligt sind, Anteilscheine (mindestens) haben an ihm, und unseren Besitz an Unsichtbarkeit mehren können während unseres Hierseins, – in uns allein kann sich diese intime und dauernde Umwandlung des Sichtbaren in Unsichtbares, vom sichtbar- und greifbar-sein nicht länger Abhängiges vollziehen, wie unser eigenes Schicksal in uns fortwährend *zugleich vorhandener und unsichtbar wird.* Die Elegien stellen diese Norm des Daseins auf: sie versichern, sie feiern dieses Bewußtsein. Sie stellen es vorsichtig in seine Traditionen ein, indem sie uralte Überlieferungen und die Gerüchte von Überlieferungen für diese Vermutung in Anspruch nehmen und selbst im ägyptischen Totenkult ein Vorwissen solcher Bezüge heraufrufen. (Obwohl das »Klageland«, durch das die ältere »Klage« den jungen Toten führt, *nicht* Ägypten *gleichzusetzen* ist, sondern nur, gewissermaßen, eine Spiegelung des Nillandes in die Wüstenklarheit des Toten-Bewußtseins.) Wenn man den Fehler begeht, *katholische* Begriffe des Todes, des Jenseits und der Ewigkeit an die Elegien oder Sonette zu halten, so entfernt man sich völlig von ihrem Ausgang und bereitet sich ein immer gründlicheres Mißverstehen vor. Der »Engel« der Elegien hat nichts mit dem Engel des christlichen Himmels zu tun (eher mit den Engelgestalten des Islam) ... Der Engel der *Elegien* ist dasjenige Geschöpf, in dem die Verwandlung des Sichtbaren in Unsichtbares, die wir leisten, schon vollzogen erscheint. Für den Engel der Elegien sind alle vergangenen Türme und Paläste existent, *weil* längst unsichtbar, und die noch bestehenden Türme und Brücken unseres Daseins *schon* unsichtbar, obwohl noch (für uns) körperhaft dauernd. Der Engel der Elegien ist dasjenige Wesen, das dafür einsteht, im Unsichtbaren einen höheren Rang der Realität zu erkennen. – Daher »schrecklich« für uns, weil wir, seine Liebenden und Verwandler, doch noch am Sichtbaren hängen. – Alle Welten des Universums stürzen sich ins Unsichtbare, als in ihre nächsttiefere Wirklichkeit; *einige Sterne steigern sich unmittelbar und vergehen im unendlichen Bewußtsein der Engel –, andere sind auf langsam und mühsam sie verwandelnde Wesen angewiesen, in deren Schrecken und Entzücken sie ihre nächste unsichtbare Verwirklichung erreichen.* Wir *sind,* noch einmal sei's betont, *im Sinne der Elegien, sind wir diese Verwandler der Erde, unser ganzes Dasein, die Flüge und Stürze unserer Liebe, alles befähigt uns zu dieser Aufgabe* (neben der keine andere, wesentlich, besteht). (Die Sonette zeigen Einzelheiten aus dieser Tätigkeit, die hier unter den Namen und Schutz eines verstorbenen Mädchens gestellt erscheint, deren Unvollendung und Unschuld die Grabtür offen hält, so daß sie, hingegangen, zu jenen Mächten gehört, die die Hälfte des Lebens frisch erhalten und offen nach der anderen wundoffenen Hälfte zu.) Elegien und Sonette unterstützen einander beständig –, und ich sehe eine unendliche Gnade darin, daß ich, mit dem gleichen Atem, diese beiden Segel füllen durfte: das kleine rostfarbene Segel der Sonette und der Elegien riesiges weißes Segel-Tuch.

Möchten Sie, lieber Freund, hier einigen Rat und Aufschluß erkennen und, im Übrigen, sich selber weiterhelfen. Denn: Ich weiß nicht, ob ich je mehr sagen könnte.

Ihr

R. M. Rilke

Die Briefempfängerinnen und -empfänger

Lou Andreas-Salomé (1861-1937); Schriftstellerin, Erzählerin und Psychoanalytikerin; frühe Liebesbeziehung und lebenslange Freundschaft mit Rilke. Ihr Buch »Rainer Maria Rilke« erschien 1928 im Insel-Verlag.
1919 starb ihr Hund Drushok (russisch für ›Freund‹).

Erwein Freiherr von Aretin (1887-1952); Astronom, Journalist und Schriftsteller; langjähriger Briefwechsel mit Rilke.
Am 27.4.1921 starb sein Vater, Anton Freiherr von Aretin (1847-1921).

Rudolf Friedrich Burckhardt (1877-1964); Kunsthistoriker und Konservator des Basler Historischen Museums (1908-1926); Briefwechsel mit Rilke nach erstem Treffen 1919.

Ilse Erdmann (1879-1924); erstes persönliches Treffen mit Rilke im Sommer 1917 in München nach langjährigem Briefwechsel.

Anita Forrer (1901-1996); Graphologin; Korrespondenz ab 1920; persönliches Treffen 1923 im Hause von Nanny Wunderly-Volkart.
Der Brief handelt von einer Liebesbeziehung.

Claire Goll (geb. Klara Aischmann) (1901-1977); Schriftstellerin, Lyrikerin und Journalistin; Liebesaffäre mit Rilke 1918, danach jahrelange Freundschaft. Rilke nannte sie Liliane.

Elisabeth von der Heydt (geb. Wülfing) (1864-1961); Korrespondenz mit Rilke nach dem Tod ihres Gatten Karl von der Heydt (*1858), der am 9. 8. 1922 seinem langen und schweren Leiden erlegen war.

Witold Hulewicz (1895-1941); Dichter, Literaturkritiker und Verleger, der Rilkes Gedichte und seinen Roman ins Polnische übersetzte; Treffen in der Schweiz Anfang der 1920er Jahre, danach Freundschaft und Korrespondenz.

Gräfin Lili Kanitz-Menar (geb. Gräfin Augusta Klara Hildegard Luise von Kanitz) (1869-1943); Großnichte der Gräfin Luise Schwerin (1846-1906). Ihr Künstlername als Sängerin war Lili Menar.
In dem Brief an sie spricht Rilke über Alice Faehndrich (*1857), die am 23. 6. 1908 verstarb; Rilke war wiederholt ihr Gast auf ihrer Besitzung, der Villa Discopoli auf Capri.

Adelheid Franziska von der Marwitz (1894-1944); Schwester des Lyrikers Bernhard von der Marwitz (1890-1918), der im Ersten Weltkrieg fiel und mit Rilke in brieflichem Kontakt stand. Ab Anfang der 1930er Jahre Leiterin des Diakonissen-Mutterhauses in Halle an der Saale.

Marguerite Masson (geb. Ruffy) (1887-1972); Schwester der 1915 verstorbenen Malerin Odette Ruffy; Bekanntschaft mit Rilke 1922 durch Antoine Contat (1869-1927).
Marguerite Masson hatte Rilke eine Photographie ihrer Schwester und weiße Rosen geschickt.

Sidonie Nádherný von Borutín (ab 1898 Freiin Nádherný von Borutín) (1885-1950); Salonnière; langjährige Freundschaft und Briefwechsel mit Rilke.
Ihr Bruder Johannes Nádherný von Borutín starb durch Freitod (1884-1913).

Gertrud Ouckama Knoop (geb. Roth) (1869-1967); Mutter von Wera Ouckama Knoop (1900-1919), einer Tänzerin und Spielkameradin von Rilkes Tochter Ruth, die mit 19 Jahren an Leukämie verstarb. Rilkes »Die Sonette an Orpheus« (im Februar 1922 entstanden) tragen den Untertitel »Ein Grabmal für Wera Ouckama Knoop«.

Catherine Marthe Louise Pozzi (1882-1934); Lyrikerin und Essayistin; Briefwechsel 1924-1925 nach erstem Treffen durch Paul Valéry (1871-1945).

Adelmina (Mimi) Romanelli (1877-1970); Rilke wohnte 1907 in der Pension ihrer Familie in Venedig, wo sie eine Liebesbeziehung hatte; danach jahrelange Korrespondenz.

Elisabeth Freiin Schenk zu Schweinsberg (1886-1955); Malerin; Briefwechsel mit Rilke ab 1908 nach gemeinsamen Aufenthalt auf Capri.
Ihre Tante Alice Faehndrich (*1857) verstarb am 23. 6. 1908.

Johanna Magdalena Schwammberger (1892-1979); Burgdorf, Kanton Bern; Bekanntschaft mit Rilke während seiner Vortragsreise in der Schweiz 1919.

Gräfin Alexandrine Elise Klara Antonia von Schwerin (geb. zu Eulenburg) (1880-1957); Bekanntschaft mit Rilke und seiner Ehefrau Clara 1905 auf Schloß Friedelhausen.

Gräfin Margot Sizzo-Noris (geb. Crouy-Chanel) (1891-1977); Übersetzerin von Rilkes »Die Weise und Liebe und Tod des Cornets Christoph Rilke« ins Französische, danach langjährige Korrespondenz.
Ihre Mutter Livia Crouy-Chanel (*1859) verstarb im November 1922.

Reinhold von Walter (1882-1965); Schriftsteller und Übersetzer; Korrespondenz mit Rilke 1907-1921.

Nanny Wunderly-Volkart (geb. Volkart) (1878-1962); Rilke lebte 1921-1926 auf Château de Muzot, Eigentum von Wunderlys Cousin Werner Reinhardt; langjährige Freundschaft und Korrespondenz. Rilke nannte sie Nike.

Rainer Maria Rilke: Chronik seines Lebens

1875 4.12. René Karl Wilhelm Johann Josef Maria Rilke als Sohn des Eisenbahninspekteurs Joseph und seiner Frau Sophie (Phia) Rilke (geb. Entz) in Prag geboren.

1882 Eintritt in die Volksschule des katholischen Schulordens der Piaristen.

1884 Trennung der Eltern. Rilke wird von seiner Mutter erzogen.

1886 Eintritt als Stipendiat in die Militärunterrealschule von St. Pölten.

1890 Besuch der Militäroberrealschule in Mährisch-Weißkirchen.

1891 Eintritt in die Handelsakademie in Linz.

1892 Private Vorbereitung auf das Abitur in Prag.

1894 Veröffentlichung der ersten Gedichtsammlung *Leben und Lieder*.

1895 Abitur. Studium in Prag (u.a. Kunstgeschichte, Philosophie, Literatur).

1896 Studium in München.

1897 Beginn der vierjährigen Liebesbeziehung mit Lou Andreas-Salomé in München. Übersiedelung nach Berlin.

1898 Reise nach Italien. Ab August in Berlin. Die Sammlung von Novellen und Skizzen, *Am Leben hin*, erscheint.

1899 Erste Rußlandreise mit Andreas-Salomé. Besuche in Moskau bei Leonid Pasternak und Leo Tolstoi.

1900 Zweite Rußlandreise mit Andreas-Salomé. Auf Einladung Heinrich Vogelers in Worpswede.

1901 Heirat mit der Bildhauerin Clara Westhoff, Geburt der Tochter Ruth.

1902 Veröffentlichung von *Das Buch der Bilder*. Reise nach Paris.

1903 Zahlreiche Reisen, u. a. Rom, Paris. Der erste von zehn Briefen (bis 1910) an Franz Xaver Kappus, einen Schüler in Rilkes ehemaliger Militärakademie, die postum als *Briefe an einen jungen Dichter* erscheinen.

1904 Reise nach Schweden.

1905 Worpswede und Paris. Rilke wohnt bei Auguste Rodin in Meudon als dessen Privatsekretär. *Das Stunden-Buch*. Beginn der Freundschaft mit Anton Kippenberg, Rilkes Verleger als Leiter des Insel-Verlags.

1906 Tod von Rilkes Vater. Zerwürfnis mit Rodin; Rilke zieht nach Paris. Reisen nach Belgien und Capri.

1907 Paris. *Neue Gedichte*. Liebesbeziehung zu Mimi Romanelli.

1908 Bei seiner Familie bei Bremen. Reisen nach Berlin, München, Rom, Capri, Florenz. *Der neuen Gedichte anderer Teil* erscheint.

1909 Paris: Beginn der Freundschaft mit der Fürstin Marie von Thurn und Taxis-Hohenlohe. Reise in die Provence.

1910 Im April auf Schloß Duino bei Triest auf Einladung der Fürstin Taxis. Reise nach Algier und Tunis. *Die Aufzeichnungen des Malte Laurids Brigge* erscheint.

1911 Reisen nach Ägypten, Italien, Böhmen, Deutschland und Frankreich. Rilke verbringt Teil des Winters auf Schloß Duino in Italien.

1912 Spanienreise.

1914 Rilke wird in München vom Kriegsbeginn überrascht und darf nicht nach Paris zurückkehren.

1915 Musterung. Rilke wird für wehrtauglich befunden und versucht vergeblich, die Einberufung abzuwenden. Besuch bei Sigmund Freud.

1916 Einberufung, dann halbjähriger Militärdienst im Kriegsarchiv in Wien. Rückkehr nach München.

1918 Bekanntschaft und Liebesbeziehung mit Claire Studer, der späteren Frau Yvan Golls (Claire Goll). Durch die Friedensverträge wird Rilke tschechoslowakischer Staatsangehöriger.

1919 Wiedersehen mit Andreas-Salomé. Reise aus München in die Schweiz.

1921 Bezug des Steinhauses Château de Muzot bei Sierre im Wallis, das ihm sein Förderer Werner Reinhart (ein Cousin von Nanny Wunderly-Volkart) zunächst mietet, dann kauft.

1922 Vollendung der *Duineser Elegien* und Niederschrift der *Sonette an Orpheus* (beide Werke erscheinen 1923). Heirat der Tochter Ruth.

1923 Erster Sanatoriumsaufenthalt in Val-Mont sur Territet am Genfer See.

1924 Besuch Paul Valérys sowie Clara Westhoffs bei Rilke in der Schweiz. Erneuter Klinikaufenthalt in Val-Mont.

1925 Januar bis August in Paris, danach in Muzot, ab Dezember im Sanatorium Val-Mont.

1926 Im Juni Rückkehr nach Muzot, ab dem 30. November wieder in Val-Mont, wo Leukämie diagnostiziert wird. Tod am 29. Dezember in Valmont.

1927 Am 2. Januar wird Rilke auf dem Friedhof von Raron begraben. Im Herbst erscheint die sechsbändige Ausgabe seiner *Gesammelten Werke*.